essentials

essentials liefern aktuelles Wissen in konzentrierter Form. Die Essenz dessen, worauf es als „State-of-the-Art" in der gegenwärtigen Fachdiskussion oder in der Praxis ankommt. *essentials* informieren schnell, unkompliziert und verständlich

- als Einführung in ein aktuelles Thema aus Ihrem Fachgebiet
- als Einstieg in ein für Sie noch unbekanntes Themenfeld
- als Einblick, um zum Thema mitreden zu können

Die Bücher in elektronischer und gedruckter Form bringen das Expertenwissen von Springer-Fachautoren kompakt zur Darstellung. Sie sind besonders für die Nutzung als eBook auf Tablet-PCs, eBook-Readern und Smartphones geeignet. *essentials:* Wissensbausteine aus den Wirtschafts-, Sozial- und Geisteswissenschaften, aus Technik und Naturwissenschaften sowie aus Medizin, Psychologie und Gesundheitsberufen. Von renommierten Autoren aller Springer-Verlagsmarken.

Weitere Bände in der Reihe http://www.springer.com/series/13088

Gabriele Hooffacker

Journalistische Praxis: Konstruktiver Journalismus

Wie Medien das Thema Migration für Jugendliche umsetzen können

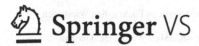

Prof. Dr. Gabriele Hooffacker
Fakultät Informatik und Medien
HTWK Leipzig
Leipzig, Deutschland

ISSN 2197-6708 ISSN 2197-6716 (electronic)
essentials
ISBN 978-3-658-31770-6 ISBN 978-3-658-31771-3 (eBook)
https://doi.org/10.1007/978-3-658-31771-3

Die Deutsche Nationalbibliothek verzeichnet diese Publikation in der Deutschen Nationalbibliografie; detaillierte bibliografische Daten sind im Internet über http://dnb.d-nb.de abrufbar.

Planung/Lektorat: Barbara Emig-Roller
Springer VS ist ein Imprint der eingetragenen Gesellschaft Springer Fachmedien Wiesbaden GmbH und ist ein Teil von Springer Nature.
Die Anschrift der Gesellschaft ist: Abraham-Lincoln-Str. 46, 65189 Wiesbaden, Germany

Was Sie in diesem *essential* finden können

- Konstruktiver Journalismus, Medienwandel und der Umgang von Kindern und Jugendlichen mit medialen Krisendarstellungen für die Journalistenausbildung verständlich dargestellt
- Drei sofort umsetzbare Szenarien für die Journalistenausbildung
- Zugang zu Videos und Arbeitsblättern

Einleitung

Krisenberichterstattung stellt Journalistinnen und Journalisten vor besondere Herausforderungen. Am Beispiel der sogenannten „Flüchtlingskrise" im Jahr 2015 wurden die Themen Flucht, Migration und Integration zu einem der am intensivsten geführten gesellschaftlichen und politischen Diskurse. Das Forschungs- und Transferprojekt „Flucht als Krise. Mediale Krisendarstellung, Medienumgang und Bewältigung durch Heranwachsende am Beispiel Flucht" (MeKriF) hat diesen Diskurs zum Anlass genommen, zum einen die Darstellung von Flucht, Fluchtursachen und Flüchtenden in den Medien zu untersuchen. Zum anderen wurden in empirischen Untersuchungen Gespräche und Jugendkonferenzen mit Heranwachsenden in Leipzig und München durchgeführt und ausgewertet, um deren Wünsche an die mediale Berichterstattung zu erfragen. Unter Heranwachsenden wurden dabei Kinder und Jugendliche zwischen 10 und 16 Jahren verstanden.

In diesem Forschungs- und Transferprojekt haben das JFF – Institut für Medienpädagogik in Forschung und Praxis, die Heinrich-Heine-Universität Düsseldorf und die Hochschule für Technik, Wirtschaft und Kultur (HTWK) Leipzig, mit dem Zentrum für Ethik der Medien und der digitalen Gesellschaft (zem::dg) zusammengearbeitet, um den Umgang von Kindern und Jugendlichen mit medialen Darstellungen von Flucht, Migration und Integration zu erforschen und Materialien für die pädagogische und journalistische Praxis zu entwickeln. Der Forschungsbericht erscheint 2020 unter dem Titel „Flucht als Krise?" (Brüggen et al. 2020, im Druck).

Für die Ausbildung von Journalist*innen lautet ein wichtiges Ergebnis: So heterogen die Sichtweisen der Kinder und Jugendlichen auf Flucht, Migration und Integration auch waren, so fanden doch die 10–16-Jährigen die journalistische Berichterstattung übereinstimmend oft wenig verständlich. Dabei brachten sie großes Interesse für das Thema mit.

Das Projekt wurde zwischen 2017 und 2020 durchgeführt. Ziel des Vorhabens war es, unterschiedliche Umgangsweisen von 10- bis 16-Jährigen mit dem Themenkomplex Flucht, Migration und Integration in ihren medialen und sozialen Zusammenhängen zu eruieren und Ansatzpunkte herauszuarbeiten, wie die individuellen und gesellschaftlichen Ressourcen zur Bewältigung gestärkt werden können. Hierzu wurden das Medienhandeln der Heranwachsenden und die von ihnen genutzten Medieninhalte analysiert; aus den Ergebnissen wurden Handlungsempfehlungen für die journalistische und pädagogische Praxis abgeleitet.

In drei miteinander verschränkten Modulen wurde bearbeitet,

1. wie Heranwachsende mit der medialen Darstellung von Flucht und Flüchtenden umgehen und welche Sichtweisen sie auf individuelle wie auch gesellschaftliche Handlungsoptionen entwickelt haben,
2. wie in von Heranwachsenden genutzten Medien und Kanälen über Flucht berichtet wird, welche Handlungsoptionen dort diskutiert werden, wie sich dabei traditionelle von Online-Medien unterscheiden und wie der kommunikative Umgang der Heranwachsenden mit diesen Inhalten in den sozialen Netzmedien ist,
3. welche Handlungsempfehlungen auf dieser Basis für die journalistische und pädagogische Praxis abgeleitet werden können.

Die empirischen Module 1 und 2 zielten darauf, die Umgangsweisen von Heranwachsenden im Umgang mit medialen Informationen zu Flucht, Migration und Integration und den Zusammenhang dieses Umgangs mit personalen, sozialen und medialen Faktoren herauszuarbeiten.

Ziel des dritten Moduls war die Übertragung der erarbeiteten Ergebnisse in die Praxis von Journalismus, Journalistenausbildung sowie in die pädagogische Arbeit mit Heranwachsenden in der Jugendarbeit. Die vorliegenden Handlungsempfehlungen wurden in einem partizipativen Prozess mit Heranwachsenden, Journalist*innen und pädagogischen Fachkräften entwickelt.

Die Aneignung des Themenkomplexes Flucht, Migration und Integration von 10- bis 16-Jährigen untersuchte das JFF in seiner Teilstudie (Modul 1). Um die medialen und sozialen Bezüge zu erfassen, wurden in den Regionen Leipzig und München Befragungen in Schulklassen der Stufen 5 bis 10 in unterschiedlichen

Schularten durchgeführt. Dabei wurden die Kinder und Jugendlichen sowohl in Kleingruppen-Settings wie auch in vertiefenden Einzelinterviews und mit einem halbstandardisierten Fragebogen befragt.

Die halbstandardisierte Befragung ergab, dass für die befragten Heranwachsenden das Thema Flucht und Geflüchtete stärker über mediale Bezüge als durch soziale Kontakte präsent war. Informationen in Social Media nahmen sie eher durch die vermittelten Meinungen etwa durch YouTuber-Persönlichkeiten wahr. Besonders wichtig war den Befragten die wahrheitsgetreue Darstellung fluchtbezogener Sachverhalte und Glaubwürdigkeit. Andererseits kann die Darstellung des Leids der Geflüchteten belastend sein. Gleichzeitig ist den Heranwachsenden eine Einordnung der Inhalte wichtig, um bessere Verständlichkeit zu erreichen.

Drei Fragen lagen der standardisierten Inhaltsanalyse der migrationsspezifischen Berichterstattung von 3084 Medienbeiträgen in Deutschland 2018 durch die HHU Düsseldorf zugrunde (Modul 2): Wie unterscheidet sich die Berichterstattung in Deutschland über Flucht, Migration und Integration

1. zwischen Medienangeboten für Erwachsene und Medienangeboten für Heranwachsende,
2. zwischen unterschiedlichen Medienangeboten für Heranwachsende und
3. zwischen unterschiedlichen Medienangeboten für Erwachsene?

Zunächst die gemeinsamen Tendenzen Der Tenor der Berichterstattung über Flucht, Migration und Integration war in nahezu allen Medienangeboten negativ. Flüchtlinge wurden in Text und Bild überwiegend als Gruppe oder Masse von Menschen dargestellt; sie waren 2018 eher Objekt als Subjekt der Berichterstattung. Männliche Flüchtlinge wurden in der Berichterstattung weitaus häufiger thematisiert und auf Bildern und Videos dargestellt als weibliche Flüchtlinge, obwohl der Anteil von Frauen an der Gesamtzahl bei 42 % liegt (Brüggen et al. 2020, im Druck).

Vergleicht man die Berichterstattung von Medienangeboten für Erwachsene mit Medienangeboten für Heranwachsende, zeigt sich, dass letztere häufiger Hintergrundinformationen lieferten, die zum Verständnis und zur Einordnung des politischen wie gesellschaftlichen Konfliktes wichtig sind. Weitere Unterschiede lagen in der Nachrichtenauswahl, also der Frage, worüber berichtet wurde, und zum anderen im Framing, also der Frage, wie berichtet wurde. Medienangebote

X   Einleitung

für Heranwachsende benannten im Vergleich zu denen für Erwachsene häufiger
die Ursachen für Probleme (Brüggen et al. 2020, im Druck).

Medienangebote, die sich eher an Kinder richten, unterschieden sich
wiederum von denjenigen für Jugendliche. Kindermedienangebote gingen öfter
auf Ereignisse aus den Herkunfts- oder Transitländern von Flüchtlingen ein und
berichteten häufiger über die Motive zur Flucht. Jugendmedienangebote machten
eher einzelne Personen für Probleme verantwortlich und zeigten häufiger Bilder
und Videos von Menschen auf der Flucht. Die Youtuber LeFloid, MrWissen2Go
und Rayk Anders veröffentlichten 2018 insgesamt 24 Videos zum Themenkomplex Flucht, Migration und Integration. Sie legten den Schwerpunkt auf
Ereignisse in Deutschland. Flüchtlinge hatten nicht die Möglichkeit, sich dort zu
äußern. Positionen der AfD wurden von den YouTubern häufiger angesprochen
als in journalistischen Medienangeboten (Brüggen et al. 2020, im Druck).

Medienangeboten für Erwachsene unterschieden sich zum einen nach
ihrer jeweiligen Grundhaltung, zum anderen nach der Auswahl der Akteure. In
der „Jungen Freiheit" war die AfD häufiger vertreten. In linksliberalen und
konservativen Qualitätszeitungen kamen häufiger Flüchtlinge selbst zu Wort.

Wurde in der Berichterstattung des Jahres 2018 ein krisenhaftes Szenario vermittelt? Im Gegensatz zu 2015 kann für 2018 nicht von einer Krise und einer
primären Krisendarstellung gesprochen werden. Allerdings war die Berichterstattung auch im Jahr 2018 überwiegend negativ (Brüggen et al. 2020, im
Druck).

Auf der Grundlage von Modul 1 und Modul 2 entstanden die vorliegenden
Handreichungen für die Journalistenausbildung. Sie greifen auf das Konzept des
„Konstruktiven Journalismus" zurück. Diese vergleichsweise junge Strömung im
Journalismus zielt darauf, nicht nur von Problemen und negativen Ereignissen zu
berichten, sondern auch Lösungsansätze für die angesprochenen Probleme zu dis-
kutieren.

Die Videos und Materialien wurden in Einrichtungen der journalistischen Aus-
und Weiterbildung sowie in der pädagogischen Arbeit mit Heranwachsenden in
der Jugendarbeit erprobt. Sie stehen online unter https://mekrif.jff.de/ zur Verfügung und können mit dem Passwort *JFFHTWK* aufgerufen werden.

Liste der Videos
- Video 1: Gerüchteküche um Messerkontrolle in der Schule
- Video 2: Seenotrettung
  - Teil 1: Beitrag Seenotrettung
  - Teil 2: Perspektiven auf einen Bericht über Flucht
- Video 3: Produktion für Fernsehen und YouTube
  - Teil 0: Vorstellung von Marvin und Niklas
  - Teil 1: Themenauswahl
  - Teil 2: Flucht als Thema

Mit den Studien aus Modul 1 (JFF) und 2 (HHU) wurde die Grundlage für diese Materialien gelegt. Zudem sind die Videos in enger konzeptioneller Zusammenarbeit zwischen JFF und HTWK entstanden. Einige Texte in dieser Handreichung sind von Mitarbeiter*innen des JFF geschrieben. Dank für das Zustandekommen dieser Materialien geht an Nico Hattendorf und Studierende und Lehrende der HTWK Leipzig, an das Team des zem::dg sowie an das Team des JFF um Niels Brüggen für die konstruktive Zusammenarbeit und Ergänzungen!

München und Leipzig   Gabriele Hooffacker
im Juli 2020

Weiterführende Literatur:
Brüggen, Niels et al. (im Druck). Flucht als Krise? München: kopaed.

Inhaltsverzeichnis

Über die Autorin

Gabriele Hooffacker, Dr. phil., Professorin an der Hochschule für Technik, Wirtschaft und Kultur (HTWK) Leipzig, Fakultät Informatik und Medien, Karl-Liebknecht-Str. 132, 04277 Leipzig, https://fim.htwk-leipzig.de/

Grundlagen und Grundbegriffe: Wie mit diesen Materialien arbeiten?

Die Berichterstattung rund um den Themenkomplex Flucht, Migration und Integration ist in die Kritik geraten. Das haben die inhaltlichen Analysen von Medien einerseits, die Befragungen von Kindern und Jugendlichen andererseits ergeben, aus denen die vorliegenden Materialien entstanden sind.

Medienschaffende reflektieren diese Ergebnisse und erhalten tiefere Einsichten über die Folgen ihrer Berichterstattung. Daraus können sie Leitlinien für die eigene journalistische Berufsrolle ableiten: Was kann Journalismus leisten, was nicht? Sie erkennen, dass die gesellschaftliche Auseinandersetzung mit dem Thema Flucht eine Form der Selbstauseinandersetzung der Gesellschaft ist und Implikationen darüber enthält, welche Werte und Leitlinien in unserer Gesellschaft gelten.

Der lösungsorientierte Journalismus („constructive journalism") dient dabei als Leitlinie für das journalistische Handeln vor dem Hintergrund von Krisenphänomenen, insbesondere bezogen auf ein Publikum Heranwachsender. Er findet deshalb im Folgenden eine besonders ausführliche Darstellung.

Im Hinblick auf die aktuelle Mediennutzung erkennen und reflektieren Journalist*innen die Integrationsfunktion von Medien und die vielfältigen Aneignungsweisen des Themenkomplexes Flucht, Migration und Integration von Heranwachsenden sowie die Rollen der unterschiedlichen Akteure in einem veränderten Online-Mediensystem.

Übergeordnete Leitfragen und Ziele
- Wer kann etwas lösen, wie verstrickt ist man selbst in das Krisenphänomen?
- Veränderte Verantwortungsverhältnisse der „Produser" insbesondere bei Social Media
- Veränderte Dynamiken für die journalistische Berichterstattung

© Der/die Herausgeber bzw. der/die Autor(en), exklusiv lizenziert durch
Springer Fachmedien Wiesbaden GmbH, ein Teil von Springer Nature 2020
G. Hooffacker, *Journalistische Praxis: Konstruktiver Journalismus,* essentials,
https://doi.org/10.1007/978-3-658-31771-3_1

- journalistische Kriterien für Berichterstattung kennen und anwenden können
- Krisenberichterstattung als Form der Berichterstattung und medialer Beiträge mit bestimmten Herausforderungen zu kennen
- Verbindung von Krisenberichterstattung zu Katastrophenberichterstattung erkennen und verstehen.

Für die praktische Journalistenausbildung werden hier komplette Lehreinheiten rund um die Themen Konstruktiver Journalismus, Framing sowie Reflexion der eigenen Berufsrolle vorgelegt. Damit die vorliegenden Videos und Lehrmaterialien direkt in der praktischen Journalistenausbildung eingesetzt werden können, gliedert sich die Darstellung jeweils in fünf Schritte:

- Zielsetzung der Lehreinheit
- Inhaltsangabe des Videos
- Einsatzszenario 1
- Einsatzszenario 2
- Materialien zur Lehreinheit

Dabei wird von einer Gruppengröße zwischen acht und zwölf Teilnehmenden ausgegangen. Die Gruppenarbeit kann zu zweit oder in Dreiergruppen stattfinden.

Grundbegriffe und Definitionen, die für die praktische journalistische und mediendidaktische Arbeit hilfreich sind, werden im Folgenden kompakt dargestellt. Diese thematischen Einführungen und Überblicke sind knapp gehalten, damit sie als Material direkt in der Journalistenausbildung eingesetzt werden können. Dies gilt insbesondere für die Abschnitte „constructive journalism" und „Framing". Zu jedem Begriff gibt es weiterführende Literatur und Links.

1.1   Constructive journalism

oder konstruktiver, lösungsorientierter Journalismus

Beim „konstruktiven Journalismus" steht der Blick in die Zukunft im Mittelpunkt: Wie geht es weiter? (What now?). Die Fakten sollen mit erklärendem Kontext präsentiert werden. Der konstruktive Journalismus will Zusammenhänge, Lösungs- und Handlungsmöglichkeiten aufzeigen. Dabei sollen die negativen Seiten eines Themas nicht ausgeblendet werden. Es geht keinesfalls darum, nur „gute Nachrichten" zu bringen. Im Gegenteil stehen bei Krisenphänomenen die Hintergründe und Ursachen im Fokus. Dabei werden – durch geeignete Recherche, nicht durch Meinungsbeiträge – mögliche Handlungsoptionen und Lösungswege aufgezeigt.

Robert Jungk gab 1948 in New York einen Pressedienst namens „Good News Bulletin" heraus, der als erstes Medium speziell für Konstruktiven Journalismus angesehen werden kann (Krüger 2019). Dabei stand die Arbeit von neu gegründeten Organisationen der UNO wie WHO, Unesco und Unicef im Mittelpunkt. 2017 gründete der dänische Journalist Ulrik Haagerup das Constructive Institute an der Universität Aarhus. Weitere bekannte Akteure sind das Solutions Journalism Network (SJN) in New York seit 2013 und das Constructive Journalism Network seit 2017 (Krüger 2019). Einen Forschungsüberblick liefern Leif Kramp und Stephan Weichert (2020, S. 12 ff.).

Konstruktiver lösungsorientierter Journalismus stellt den Journalistinnen und Journalisten ein alternatives Rollenbild vor: Sie berichten nun nicht nur über die Fakten, sondern recherchieren auch, wie es weiter gehen kann: Was können die Menschen jetzt tun? Welche Lösungsmöglichkeiten gibt es? In der Journalistik spricht man auch von einem „alternativen Berichterstattungsmuster" (Meier 2018). Es ergänzt das klassische Selbstverständnis des „objektiven Journalismus".

Nachrichten für Kinder und Jugendliche nutzen dieses Muster oft, um krisenhafte Ereignisse nicht einfach im Raum stehen zu lassen, sondern aufzuzeigen, was als Nächstes geschehen kann, um zum Beispiel den Betroffenen zu helfen.

Ausgangspunkt für den konstruktiven Journalismus ist eine Kritik am „objektiven" Journalismus. Dieser

- bevorzugt offizielle Standpunkte
- bringt Ergebnisse, die von Institutionen verlautbart/inszeniert werden
- ist ereignisfixiert: Langfristige Prozesse werden nicht deutlich
- vernachlässigt Hintergründe, Ursachen und Folgen.

Demgegenüber sind die **Ziele des konstruktiven Journalismus:**

- Eine weitere W-Frage zu den klassischen sieben W-Fragen: Frage nach den Aussichten (What now? Und jetzt? Wie weiter?)
- Blick in die Zukunft statt nur in die Vergangenheit
- mit erklärendem Kontext, Zusammenhängen, Lösungs- und Handlungsmöglichkeiten
- nicht nur „positiver Journalismus": Die negativen Seiten eines Themas sollen nicht ausgeblendet werden.

Davon erhofft man sich positive Auswirkungen auf die Gesellschaft, stellt Klaus Meier dar:

1. Mikroebene: Die Leser, Zuschauer, Zuhörer und Nutzer sollen sich nach konstruktiven Beiträgen besser fühlen, indem sie Hoffnung oder Lösung bewusst wahrnehmen und nicht nur mit Problemen belastet werden.
2. Mesoebene: Die Medienunternehmen sollen eine bessere Bindung beim Publikum erreichen, also Lesezeiten und Reichweiten erhöhen.
3. Makroebene: Mögliche Lösungen und Perspektiven für soziale Probleme sollen einen Fortschritt der Gesellschaft bewirken; Vorbilder, „first mover" und glaubwürdige Beispiele werden dargestellt. Daraus ergibt sich eine Ermutigung zu gesellschaftlichem Engagement und Nachahmung.

Erste Studienergebnisse zeigen, dass nicht all diese erwünschten Effekte eintreten. Aber: Bei jungen Lesern (18 bis 29 Jahre) funktioniert konstruktiver Journalismus signifikant besser (konstruktive vs. nicht-konstruktive Nachricht) (Meier 2018).

Konstruktiver Journalismus …
- ist kritisch, objektiv und balanciert
- beschäftigt sich mit wichtigen Themen, die die Gesellschaft beschäftigen
- ist unvoreingenommen
- ist gelassen im Ton, gibt sich keiner Rage und Skandalen hin
- baut Brücken und polarisiert nicht
- ist zukunftsorientiert
- ist nuanciert und kontextualisierend
- ist faktenbasiert
- stößt Debatten zu Lösungen für gut bekannte Probleme an.

Quelle: Übersetzung von Leif Kramp und Stephan Weichert nach dem Constructive Institut (Kramp und Weichert 2020, S. 22).

Der lösungsorientierte Journalismus kann als Teilbereich des konstruktiven Journalismus angesehen werden. Er ergänzt das klassische Selbstverständnis des „objektiven Journalismus". Dieser bevorzugt offizielle Standpunkte, etwa von Politikern, und bringt oft Ergebnisse, die von Institutionen stammen. Dabei werden manchmal Zusammenhänge und langfristige Prozesse nicht deutlich. Demgegenüber will der lösungsorientierte konstruktive Journalismus Hintergründe, Ursachen und Folgen deutlich machen und erklären.

Lösungsorientierter Journalismus ist laut dem Mission Statement des Solution Journalism Networks (SJN) „eine rigorose Berichterstattung über Antworten auf soziale Probleme. Das Weiterbildungsprogramm des SJN steht damit in einer – noch jungen – Tradition von Bemühungen aus dem Kreis journalistischer Akteure, die gegen Ende der 1990er Jahre darauf hinwirkten, dass nicht mehr die Kritik an Missständen allein im Vordergrund stünde, sondern auch die Optionen, sie in den Griff zu bekommen" (Kramp und Weichert 2020, S. 28). Dabei liegt ein Schwerpunkt auf dem Wandel redaktioneller Praktiken, insbesondere mehr Zeit für Recherche einzuräumen.

Wie die Studien des Forschungs- und Transferprojekts MeKriF ergeben haben, zeigen Kinder- und Jugendmedien zum einen bereits mehr Hintergrund und Zusammenhänge auf als klassische Medien für Erwachsene. Die Berichterstattung in den Medien für Erwachsene ist stärker ereignisgetrieben und fokussiert auf institutionell wichtige Akteure (Kanzler*in, Minister*innen).

Gleichzeitig wünschen sich die Kinder und Jugendlichen noch mehr Darstellung von Zusammenhängen, um Nachrichten besser verstehen und einordnen zu können. Sie fordern eine verständlichere Sprache und wünschen sich Glaubwürdigkeit und Transparenz. Da sie selbst oft nicht benennen können, nach welchen Kriterien sie Glaubwürdigkeit beurteilen, kann der konstruktive Journalismus hier unterstützen, indem er Quellen benennt und einordnet.

Werden zu einem Thema „geframete" (→ Framing) Falschmeldungen (→ Fake News) verbreitet, kann der konstruktive Journalismus helfen, Verständnis für Menschen, deren Schicksale sowie gesellschaftliche und politische Zusammenhänge zu schaffen. Leif Kramp und Stephan Weichert zitieren die Ludwigsburger Doktorandin Leonie Seng, die mit normativer Perspektive stichprobenartig untersucht, „inwiefern konstruktiver Journalismus im Themenbereich „Flüchtlinge" zu einem ausgewogeneren Bild von Menschen mit Fluchterfahrung aufseiten der Rezipientinnen und Rezipienten beitragen könne – und ob dies wiederum das Mitgefühl und Engagement steigern ließe und integrationsfördernd sei. Seng zufolge hätten Artikel, die sich dem konstruktiven Journalismus zuschreiben ließen, einen erweiterten Blick auf Flüchtlinge, indem beispielsweise persönliche Geschichten erzählt werden.' Sie resümiert, dass ‚[d]ie Orientierung an dem Programm des konstruktiven Journalismus […] dazu führen kann, dass Rezipienten entsprechender Medienangebote mehr Verständnis für Flüchtlinge und Menschen mit Fluchterfahrung entwickeln' (Hervorhebung im Original)" (Kramp und Weichert 2020, S. 16).

Vor allem aber kann der konstruktive Journalismus bei als krisenhaft dargestellten Ereignissen die möglichen nächsten Schritte skizzieren oder – indem er entsprechende Akteure zu Wort kommen lässt – unterschiedliche Lösungswege aufzeigen. Damit lassen sich zumindest die Folgen abmildern, dass Kinder und Jugendliche mit den Bildern krisenhafter Ereignisse allein gelassen und dadurch traumatisiert werden. Im Idealfall unterstützt der konstruktive Journalismus so die Auseinandersetzung durch Kinder und Jugendliche mit krisenhaften Ereignissen und insbesondere mit den Zusammenhängen, die dazu geführt haben, und fördert zivilgesellschaftliches Engagement, da die Krisensituationen nicht als ausweglos empfunden werden, sondern als veränderbar.

Weiterführende Informationen

Uwe Krüger (2019): Konstruktiver Journalismus (Journalistikon) https://journalistikon.de/konstruktiver-journalismus/, abgerufen 25. Juli 2020
Klaus Meier, Wie wirkt konstruktiver Journalismus? (Journalistik 1/2018) https://journalistik.online/ausgabe-012018/wie-wirkt-konstruktiver-journalismus/, abgerufen 6. Juni 2020
Leif Kramp/Stephan Weichert (2020): Nachrichten mit Perspektive. Lösungsorientierter und konstruktiver Journalismus in Deutschland, Frankfurt/Main. https://www.otto-brenner-stiftung.de/wissenschaftsportal/informationsseiten-zu-studien/nachrichten-mit-perspektive/, abgerufen 6. Juni 2020

1.2   Fake News

Im → Web 2.0 und auch sonst im Internet, aber manchmal auch in anderen Medien, sind Falschmeldungen zu finden. Auch Journalistinnen und Journalist*innen machen Fehler. Doch darum geht es beim Schlagwort „Fake News" nicht. Darunter versteht man gezielte Falschinformationen, um bestimmte Ansichten und Standpunkte zu untermauern. So werden beispielsweise Politikern falsche Zitate in den Mund gelegt, die sie nie gesagt haben, und als Bilder („Meme") online verbreitet, um diese Politiker zu diskreditieren.

Es ist ziemlich schwierig, solche Falschmeldungen richtig zu stellen, wenn sie einmal viral gegangen sind. Mit dem Recherchieren, was richtig und was falsch ist, befassen sich journalistische Factchecking-Portale wie der „Faktenfinder" der Tagesschau (www.tagesschau.de/faktenfinder) oder der „Faktenfuchs" vom Bayerischen Rundfunk. Auch mimikama.at ist ein bekanntes Factchecking-Portal.

Weiterführende Informationen

Lars Rinsdorf, Fake News (Journalistikon), https://journalistikon.de/fake-news/, abgerufen 6. Juni 2020

1.3   Framing

Frames „definieren, worin ein Problem besteht, identifizieren die Faktoren, die das Problem verursachen, und schlagen Lösungsmaßnahmen vor" (Bertram Scheufele). Framing bietet Deutungsrahmen an. Das sind sind Angebote bzw. Interpretationsschemata für das Publikum, wie Ereignisse in der Medienberichterstattung aufbereitet und interpretiert werden. Deutungsrahmen finden sich einerseits in der Medienberichterstattung und entstehen durch Entscheidungen von Journalist*innen bei der Produktion von Inhalten. Auf der anderen Seite legt das Publikum bestimmte Deutungsrahmen an diese Berichterstattung an und interpretiert diese für sich. Die Deutungsrahmen der Medienberichterstattung des Publikums sind gekoppelt, das heißt, die Deutungsrahmen aus der Medienberichterstattung können, müssen aber nicht vom Publikum aufgegriffen werden. Durch kritische Reflexion und Dekonstruktion können Deutungsrahmen aufgedeckt und hinterfragt werden.

Eine unmittelbare Wirkung von Frames auf die Einstellung des Publikums oder in der Gesellschaft kann nicht nachgewiesen werden. Vielmehr ist davon auszugehen, dass Frames in den Medien ein Deutungsangebot darstellen, an das unterschiedliche Lesarten angelegt werden können (Völker 2017).

Medien können durch Framing die Zielgruppe beeinflussen, aus welcher Perspektive ein Thema in der Gesellschaft diskutiert wird. Dabei werden manchmal bestimmte Aspekte in den Vordergrund gestellt, andere kommen gar nicht vor. Journalist*innen bringen ihre eigenen Perspektiven mit. Auch die Sprache transportiert Frames, wenn zum Beispiel von einer „Asylantenflut" die Rede ist.

Politische Akteure versuchen, ihr spezifisches Framing in den Medien durchzusetzen. Wenn von einer kriminellen Handlung die Rede ist, fragen manche Menschen als erstes nach der Nationalität oder dem Vornamen des Täters. In diesem Fall wollen sie „framen", dass es sich wohl um einen Nicht-Deutschen handele.

Weiterführende Informationen

Bertram Scheufele, Framing (Journalistikon), https://journalistikon.de/framing/, abgerufen 6. Juni 2020

1.4   Journalismus

Journalismus hat die Aufgabe, Öffentlichkeit herzustellen (Horst Pöttker). Er dient der Verständigung der Gesellschaft über sich selbst, sorgt für Erkenntnisse und Einsichten und im Idealfall für kluges Handeln. Mit dem tiefgreifenden Wandel, den Internet und Digitalisierung in der Medienwelt bewirkt haben, hat sich seine Funktion verändert: Zum Teil nehmen von den Nutzer erzeugte Inhalte seinen Platz ein → Web 2.0.

Journalistinnen und Journalist*innen haben in ihrer Berufsausbildung gelernt, wie man falsche von richtigen Informationen unterscheidet, wie man Nachrichten auswählt und wie man sie möglichst sachlich richtig aufbereitet. Das alles müssen Nutzerinnen und Nutzer, die sich online zu Wort melden, nicht nachweisen.

Kinder und Jugendliche können oft Information und Meinung nicht unterscheiden, wie das Forschungs- und Transferprojekt MeKriF zeigen konnte. Umso wichtiger ist das Vermitteln entsprechenden journalistischen Grundwissens wie der Grundsatz der Trennung von Information und Meinung auf allen Ebenen der Bildungskette.

Der Journalismus hat, was Nachrichten angeht, seine sogenannte Gatekeeper-Funktion („Schleusenwärter") verloren. Journalistinnen und Journalist*innen geben sich deshalb heute viel Mühe, dem Publikum ihre Vorgehensweise zu erklären und transparent zu machen. Hier kann der Ansatz des konstruktiven Journalismus gewinnbringend eingesetzt werden, um die journalistische Vorgehensweise, die Auswahl der Themen und Gesprächspartner*innen transparent zu machen.

Gleichzeitig versuchen politische und wirtschaftliche Akteure, mit eigenen Informationen und eigenen Medien Themen zu setzen. Sie betreiben professionelle Öffentlichkeitsarbeit zum Beispiel durch → Framing. Das ist nicht immer einfach zu erkennen. Solche Vorgänge aufzudecken, ist auch eine Aufgabe des Journalismus.

Vor dem Hintergrund zunehmender Polarisierung und dem Auseinanderdriften der Gesellschaft in weitgehend unverbundene Teilgesellschaften fordern Leif Kramp und Stephan Weichert einen Paradigmenwechsel im Journalismus hin zum konstruktiven Journalismus, um „ein noch ausgewogeneres und ganzheitlicheres Abbild der Wirklichkeit vermitteln zu können, das Krisen, Kriege und Katastrophen zwar nicht vollständig aus-, wohl aber mehr Graustufen einblendet, als es bisher der Fall war" (Kramp und Weichert 2020, S. 5).

Konstruktiver Journalismus soll beim Einordnen helfen. Er liefert Hintergründe, Erklärungen und Ausblicke → constructive journalism.

Weiterführende Informationen

Bundeszentrale für politische Bildung, Medienwandel und Journalismus, https://www.bpb.de/gesellschaft/medien-und-sport/medienpolitik/172143/medienwandel-und-journalismus?p=all, abgerufen 6. Juni 2020

1.5   Journalistische Berufsethik

Mit den praktischen Regeln, wie man als Journalistin oder Journalist handelt, befasst sich die journalistische Berufsethik ebenso wie mit der Reflexion darüber. Das scheint einfach zu sein: Menschen in Redaktionen können sich an den Regeln orientieren, die in der Gesellschaft vereinbart wurden.

Doch es kann auch Konflikte geben. Dürfen Medienberichte die Privatsphäre eines Menschen verletzen – wenn gleichzeitig ein politischer oder wirtschaftlicher Skandal aufgedeckt wird? Dürfen Journalist*innen ein Gesetz brechen, um Gefahren von der Gesellschaft abzuwenden? Dafür gibt die journalistische Berufsethik nachvollziehbare Regeln und Hilfestellungen im journalistischen Alltag.

Weiterführende Informationen

Horst Pöttker, Journalistische Berufsethik (Journalistikon), https://journalistikon. de/category/berufsethik/, abgerufen 6. Juni 2020

1.6   Journalistische Darstellungsformen (Genres)

Eine der Grundregeln für das journalistische Darstellen lautet: Wir trennen Information und Meinung. Da das in der Praxis gar nicht so einfach ist, soll wenigstens für das Publikum erkennbar und transparent sein, wo Fakten wiedergegeben und wo Meinung geäußert wird. Mit dieser Transparenz soll auch die Glaubwürdigkeit des Mediums bestätigt werden.

Eine Ausnahme stellt der Boulevard-Journalismus dar: Hier wird fast immer mit Emotionen, mit vorformulierter Meinung gearbeitet.

Zu den informierenden Darstellungsformen zählen Meldung, Nachricht, Bericht, Dokumentation, zu den meinungsäußernden Darstellungsformen

Kommentar, Glosse und Rezension. Für die bunteren, bildhaften Darstellungsformen Reportage, Feature, Interview und Umfrage hat sich der Begriff der hat
sich der Begriff der erzählenden Darstellungsformen eingebürgert. Grundsätzlich
zählen jedoch auch sie zu den informationsorientierten Formen (Hooffacker und
Meier 2017).

Die Grundeinteilung gilt für alle Mediengattungen, ob sie gelesen, gehört
oder angeschaut werden. Medienspezifisch haben sich jedoch für Online-Medien,
Fernsehen, Radio oder Presse typische Darstellungsformen entwickelt wie das
Radio-Feature, der TV-Reporterbericht oder der Live-Ticker online. Ergänzt und
erweitert werden die klassischen Darstellungsformen durch partizipative Formate
der Zuschauerbeteiligung.

Die Definitionen der journalistischen Darstellungsformen oder Genres sind
nicht in Stein gemeißelt. Die Erwartungen des Publikums an journalistische Beiträge haben sich durch die Online-Medien verändert. Neue mediale Plattformen
lassen neue Formen und Formate entstehen. Insofern sind die Definitionen
historisch gewachsen und in ihrer Historizität zu verstehen.

Weiterführende Informationen

Horst Pöttker, Journalistische Genres (Journalistikon), https://journalistikon.de/
category/journalistische-genres/, abgerufen 28. Juli 2020

1.7   Krise und Krisenberichterstattung

Der Begriff Krise „bezeichnet eine über einen gewissen (längeren) Zeitraum
anhaltende massive Störung des gesellschaftlichen, politischen oder wirtschaft-
lichen Systems. Krisen bergen gleichzeitig auch die Chance zur (aktiv zu
suchenden qualitativen) Verbesserung" (Bundeszentrale für politische Bildung,
https://www.bpb.de/nachschlagen/lexika/politiklexikon/17759/krise, abgerufen 6.
Juni 2020).

Den Begriff der Krise gibt es in der Medizin oder Physik ebenso wie in den
Gesellschaftswissenschaften. „Riskante Entwicklungen haben sich zugespitzt,
die Zeit wird knapp. Eintretende oder bereits vorhandene manifeste Schäden verletzen akut Leben, Gesundheit, Besitz und Sicherheit." (Georg Ruhrmann).

Journalistische Krisenberichterstattung soll gleichberechtigt Betroffene
und Kritiker ebenso zu Wort kommen lassen wie Entscheider und Experten.
Das gelingt nicht immer. Im Gegensatz zur normalen Berichterstattung

(Journalistische Veröffentlichung in den Medien in Wort, Bild und Film ohne Wertung, Weickmann, 2002), beherrscht in der Krisenberichterstattung die Aktualität die Veröffentlichung. Nachrichten sollen dem Zuschauer möglichst schnell präsentiert werden. Dies geht oft zu Lasten von Hintergrundberichterstattung oder gar selbstrecherchiertem und/oder selbstgedrehtem Inhalt. Auch die Darstellungsweise kann das Ereignis verzerren: In den Medienbeiträgen wird oft personalisiert und emotionalisiert. Insbesondere beim Fernsehen gehört das zum journalistischen Handwerk. Das hilft zwar dem Publikum, Mitgefühl und Empathie zu entwickeln, vernachlässigt aber dabei Zusammenhänge und Hintergründe.

Leif Kramp und Stephan Weichert stellen deshalb die Bedeutung des konstruktiven Journalismus vor dem Hintergrund von Krisen heraus: „Im Zeitalter von globalen Gesundheitsgefahren, Terrorismus, Umweltkatastrophen und massenhaften Migrationsbewegungen kann Journalismus im Antlitz epochaler und traumatischer Medienereignisse – zumal normativ – sein wesentliches Potenzial für demokratische Gesellschaften entfalten, indem er Kontrolle ausübt, Orientierung gibt, Einordnung liefert." (Kramp und Weichert 2020, S. 4).

Krisenkommunikation dient im besten Fall der Krisenbewältigung. Im schlechteren Fall skandalisiert sie die Ereignisse und liefert ein überspitztes, dramatisiertes Bild. Sie soll idealerweise den Schaden begrenzen und Hilfen aufzeigen.

Auf der anderen Seite gibt es die Krisenkommunikation der politischen Akteure – Unternehmen, Verbände, aber auch in Städten, Ministerien und Regierungen. Die Interessen der politischen Akteure decken sich nicht immer mit denjenigen der Öffentlichkeit.

Weiterführende Informationen

Georg Ruhrmann, Krisenkommunikation (Journalistikon). https://journalistikon. de/krisenkommunikation/, abgerufen 6. Juni 2020

1.8 Web 2.0

Unter Web 2.0 werden alle Arten von nutzergenerierten Inhalten (User Generated Content, kurz UGC) online zusammengefasst. Dazu zählen die Technologien, die für die Kollaboration im Web notwendig sind, ebenso wie die zugehörigen Geschäftsmodelle. Es gibt keine eindeutige wissenschaftliche Definition.

Ein Teilbereich sind partizipative oder kollaborative Medienformate: Dabei arbeiten Menschen online gemeinsam an einem Medienprodukt. Zu den typischen Web-2.0-Anwendungen zählen Blogs und Wikis.

Mit der Blogtechnologie wurde es für Menschen mit Internet-Zugang einfach und ohne HTML-Kenntnisse möglich, Inhalte im Web zu veröffentlichen und sich miteinander zu vernetzen. An einem Wiki können mehrere Menschen gleichzeitig arbeiten. Sie müssen sich aber an gemeinsame Regeln halten. Das bekannteste Beispiel ist Wikipedia.

Selektionsmechanismen/Filterung

Einen weiteren Teilbereich stellen die „sozialen Netzwerke" oder „sozialen Medien" dar. Das ist eine unglückliche, aber sehr verbreitete Übersetzung von „Social Media". Denn wirklich „sozial" sind die „sozialen Medien" nicht immer. Vielmehr ist es eine Gruppe von Internetanwendungen, die auf den technologischen und ideologischen Grundlagen des Web 2.0 aufbauen und das Erstellen und den Austausch von User Generated Content ermöglichen (Kaplan und Haenlein 2010).

Facebook, Instagram, WhatsApp, TikTok oder YouTube nennt man auch „Drittplattformen", weil sie von einem eigenen Unternehmen betrieben werden. Ein solches Unternehmen arbeitet mit algorithmen-basierten Präsentationen von Informationen und Inhalten. Das User-Verhalten im Internet wird von solchen Plattformen verfolgt und analysiert. Auf dieser Grundlage werden dem User dann individuell zugeschnittene Inhalte präsentiert. Eingeblendete Werbeanzeigen werden nach dem gleichen Modell generiert und Nutzerdaten für andere Unternehmen zur Verfügung gestellt. Dies dient den Drittplattformen als Finanzierungsquellen.

Die Nutzer haben wenig Möglichkeiten, dagegen vorzugehen. Oft ist auch nicht ersichtlich, wer hinter einem Social-Media-Beitrag steckt und aus welcher Quelle er eigentlich stammt. Ist ein Beitrag einmal online verbreitet, ist er nur sehr schwer zurückzuholen → Fake News.

Wechselwirkung Web 2.0 und Journalismus

Usergenerierte Inhalte sind meist anders aufbereitet als journalistische Inhalte. User müssen sich nicht redaktionellen Vorgaben oder Unternehmensphilosophien unterwerfen. Auch sind Inhalte im Web 2.0 oft subjektiver und müssen nicht zwingend reflektiert und hintergrundbasiert sein. „Auch wenn die digitale Transformation (und die einhergehenden neuen Konsumgewohnheiten vor allem junger Menschen und veränderte Anforderungen an journalistische Angebote und Produkte) sowohl die Medien selbst als auch die Kriterien ihrer Qualitäts-messung verändert: Nur wer diese journalistischen Grundregeln beherzigt, kann verhindern, dass sich tatsächlich Irrtümer, Fälschungen und Verzerrungen in die Narrative über das aktuelle Weltgeschehen einschleichen", schreiben Leif Kramp und Stephan Weichert in ihrer Einführung in den konstruktiven Journalismus (Kramp und Weichert 2020, S. 4).

Auf den bereits erwähnten Drittplattformen sind die Autoren/Autorinnen um Reichweiten- und Klickzahl-Generierung bemüht. Wird ein Beitrag oft geschaut und/oder geteilt, wird dieser in den Suchergebnissen auf den Plattformen hierarchisch weiter oben gelistet. Bei besonders hoher Reichweite bzw. besonders hohen Klickzahlen kann ein User auf gewissen Plattformen mit finanziellen Ein-nahmen rechnen.

Ob dieser quantitative Wert auch für ein qualitatives Produkt steht, sei dahingestellt. Mit wachsendem Publikumsinteresse können solche Inhalte dann interessant für die journalistische Zunft sein. Ein Beitrag geht auf social media viral und wird damit zum öffentlichen Interesse. Dadurch entsteht eine Wechselwirkung, in der die „großen" Medien über UGC berichten (Beispiel: Youtuber Rezo „Die Zerstörung der CDU", 2019, https://www.youtube.com/watch?v=4Y1lZQsyuSQ).

Web 2.0 als Informationsquelle für Kinder und Jugendliche

Kinder und Jugendliche erleben das Thema Flucht auch in Social-Media-Angeboten. Dort nehmen sie unter anderem extremistische Inhalte, rassistische Übergriffe, lebensbedrohliche Situationen von Geflüchteten und Anfeindungen in Online-Diskussionen wahr. Diese Inhalte können durchaus besonders heraus-fordernd für Kinder und Jugendliche sein, zumal sie meist nicht umfassend kontextualisiert und mit Erklärungen gerahmt sind.

Denn es zeigt sich, dass Heranwachsende Informationen in Social-Media eher durch Meinungen gerahmt erleben. Ein Spezifikum von Social-Media ist, dass sich die Produktion von Nachrichten und anderer Inhalte von deren Ver-breitung entkoppelt. Social-Media-Plattformen bieten nur die Infrastruktur, mit deren Hilfe andere Personen oder Organisationen Nachrichten verbreiten können. Diese Mittlerfunktion zwischen Produzent*innen und User*innen ist keines-wegs neutral, sondern im Gegenteil höchst lenkend und prägend. Dabei erweitert sich einerseits das Spektrum verfügbarer Informationen, denn im Internet kann potenziell jeder Inhalte kostenlos veröffentlichen und innerhalb kurzer Zeit beliebig viele Menschen erreichen. Andererseits bekommen dadurch aber auch nicht-journalistische Nachrichten eine Reichweite, die für sie in den Massenmedien unmöglich gewesen wäre. In der Konsequenz wird es undurchsichtiger, wer einen Inhalt veröffentlicht hat und dadurch auch schwieriger, anhand konventioneller Merkmale die Qualität einer Nachricht und ihrer Quelle zu bewerten. Zum anderen kommt hinzu, dass in Sozialen Medien die Modi der „Publikation" und „Kommunikation" zusammenfallen und der Kommunikationsstil dadurch deutlich „meinungslastiger" wird. Insgesamt führt dies dazu, dass journalistische Nachrichtenangebote häufig nicht mehr ganzheitlich genutzt werden, sondern darauf nur noch fragmentarisch über die Sozialen Medien darauf zugegriffen wird. Dieser „granularisierte Nachrichtenkontakt" birgt die Gefahr der Dekontextualisierung und Falschinterpretation von Inhalten (Schmidt 2018; Schweiger 2017).

Weiterführende Informationen

Gabriele Hooffacker: Web 2.0 (Journalistikon). https://journalistikon.de/web-2-0/, abgerufen 6. Juni 2020.

Literatur

Hooffacker Gabriele, Meier Klaus (2017). La Roches Einführung in den praktischen Journalismus. Wiesbaden: Springer VS, 20. Auflage
Kaplan Andreas M., Haenlein Michael (2010). Users of the world, unite! The challenges and opportunities of social media, Business Horizons, 53(1), 59–68
Kramp Leif/Weichert Stephan (2020): Nachrichten mit Perspektive. Lösungsorientierter und konstruktiver Journalismus in Deutschland, Frankfurt/Main. https://www.otto-brenner-stiftung.de/wissenschaftsportal/informationsseiten-zu-studien/nachrichten-mit-perspektive/, abgerufen 6. Juni 2020
Meier, Klaus (2018). Wie wirkt konstruktiver Journalismus? (Journalistik 1/2018) https://journalistik.online/ausgabe-012018/wie-wirkt-konstruktiver-journalismus/, abgerufen 6. Juni 2020
Schmidt, Jan-Hinrik (2018). Social Media. Wiesbaden: Springer VS.
Schweiger, Wolfgang (2017). Der (des)informierte Bürger im Netz. Wie soziale Medien die Meinungsbildung verändern. Wiesbaden: Springer.
Völker, Daniel (2017). Kommunikation im Krisenmodus, Wiesbaden: Springer.

Video 1: Gerüchteküche um Messerkontrolle in der Schule

2.1 Zusammenfassung: Zielsetzung beim Themenkomplex Konstruktiver Journalismus

Das Konzept des „konstruktiven Journalismus" trägt zu einem verantwortungs-
bewussten Journalismus bei, der die Hintergründe und Folgen gesellschaftlicher
Ereignisse auslotet und der Gesellschaft zur Selbstreflexion zur Verfügung stellt.
Damit werden Nachteile des klassischen, akteursorientierten Journalismus ver-
mieden, der offizielle Standpunkte bevorzugt, die von Institutionen verlautbart/
inszeniert werden, der ereignisfixiert ist und langfristige Prozesse nicht verdeut-
lich. Im Gegensatz dazu setzt der konstruktive Journalismus den Schwerpunkt auf
Hintergründe, Ursachen und Folgen. Er eignet sich insbesondere für Medienbei-
träge, die auch oder insbesondere Heranwachsende als Zielgruppe ansprechen.

Ziele dieser Lehreinheit
- Defizite des ereignisorientieren Journalismus erkennen
- Konzept „Constructive journalism" kennenlernen
- Für ein jugendliches Publikum schreiben und produzieren
- Ansätze für konstruktive Recherche finden
- In unterschiedlichen medialen Kontexten lösungsorientiert berichten

Methode
- Video und Rollenspiel als Input
- je nach verfügbarer Zeit eigenen Beitrag (Text) oder Exposé (TV) zum Thema
  verfassen oder auch produzieren
- Diskussion und Feedback zum Beitrag

Anhand einer fiktiven Story reflektieren die Journalist*innen ihre Rollen und lernen neue Handlungsoptionen anhand des Rollenmodells „konstruktiver, lösungsorientierter Journalismus" kennen. Dabei berücksichtigen sie, für die Zielgruppe Heranwachsende zu schreiben und produzieren.

2.2   Inhaltsangabe

Der Film „Gerüchteküche um Messerkontrolle in der Schule", im Folgenden kurz „Schule" genannt, beginnt mit einem Zeitungsartikel mit der Überschrift „Rektorat lässt Schüler kontrollieren". Im Anschluss daran ist eine Messenger-Konversation zu sehen (Marker 1). Ein Internetblog mit der Überschrift „Terrorgefahr – Schüler müssen Messer abgeben" kommt ins Bild. Danach wird ein O-Ton vom Rektor gezeigt, in dem er erläutert, wie die Präventionsstrategie der Schule aussieht, um die Schüler daran zu hindern, Waffen mit in die Schule zu bringen (Marker 2). Gemäß der Aussage des Rektors sollen am Eingang des Schulgeländes Taschen- und Personenkontrollen durchgeführt werden, insbesondere bei denjenigen Schülern, die als „Risikogruppe" gelten. Anschließend sind diverse Social-Media-Posts als Reaktion auf dieses Statement zu sehen. Manche sind verständnisvoll, manche hinterfragen bzw. kritisieren die Vorgehensweise vehement (Marker 3). Der Film schließt mit einer weiteren Zeitungsschlagzeile, welche den Rektor mit den Worten „Maßnahme weiter alternativlos!" zitiert (Marker 4).

2.3   Einsatzszenario 1

In diesem Szenario wird von einer kurzen Lehreinheit im Rahmen eines umfangreicheren Seminars ausgegangen. In Gruppenarbeit entstehen medienspezifische Konzepte für eine Lokalzeitung (klassischer Journalismus), ein Boulevardmedium (Internet-Blog mit reißerischen Schlagzeilen), für den lokalen Fernsehsender sowie für die jeweiligen Social-Media-Auftritte.

Dabei soll das Konzept des lösungsorientierten Journalismus umgesetzt werden.

Methode: Konzept erstellen (Gruppenarbeit)
Benötigtes Material: Notebook, Beamer, Lautsprecher; Videos, Textmaterial, Spielkarten
Geplante Zeitdauer: 180 min

Ablauf

Zeit	Inhalt	Lehrform	Material
0:00	Einführung: Medienhandeln Heranwachsender und ihr Verhältnis zum Mediensystem als Herausforderung. Vorschau auf den Ablauf der Lehreinheit	Input, Gespräch	Auszug aus der aktuellen JIM-Studie zur Mediennutzung Heranwachsender
0:15	Video „Schule"	Plenum	Videovorführung (Beamer, Lautsprecher)
0:20	Diskussion der Fragen: Was für Medien waren zu sehen? Wie haben die Jugendlichen sie aufgenommen? Was war das Ergebnis ihrer Rezeption?	Gespräch zum Vergleich der unterschiedlichen Medien mit Ergebnissicherung Erste Überlegungen: Wie sollten Medien für Heranwachsende berichten?	Metaplan, Tafel, Flipchart o. Ä.
0:50	Aufgabenstellung. Einführung des Rollenspiels, Ausgabe der „Spielkarten"	Plenum	• Spielkarten: Auf den A-4-Blättern werden drei unterschiedliche Medienredaktionen vorgestellt. Die Seminarteilnehmer*innen teilen sich in drei Gruppen auf • Medienberichte • (siehe Material)
1:00	Start Rollenspiel in Arbeitsgruppen	Arbeit in Gruppen: Erstellen der Kurzkonzepte	Spielkarten, Gruppenräume, Notebooks oder Flipcharts
2:00	Pause von 15 min		
2:15	Zusammenführen im Plenum	Rollenspiel (Vorstellen der Ergebnisse der Gruppenarbeit)	Präsentationsmöglichkeit
2:45	Auswertung: Wo müsste man ansetzen, um das Verständnis für Medien und ihre Rahmenbedingungen bei Heranwachsenden zu fördern? Was kann konstruktiver Journalismus dazu beitragen?	Reflexion, Gespräch: Schlussfolgerungen für die eigene journalistische Arbeit? Ev. auch: Konstruktiver Journalismus lediglich bei Zielgruppe Heranwachsende oder auch für erwachsendes Publikum hilfreich?	
3:00	Ende der Lehreinheit		

2.4   Einsatzszenario 2

In diesem Szenario geht es um die medienspezifische Umsetzung für Print- und Online-Journalismus. Sie kann um einen fernsehjournalistischen Beitrag erweitert werden. Deshalb wird von einer längeren Lehreinheit im Rahmen eines umfangreicheren Seminars ausgegangen. Im Unterschied zu Einsatzszenario 1 steht also auch die Integration des Konzepts „constructive journalism" in die praktische journalistische Arbeit unter Zeitdruck im Fokus.

In Gruppenarbeit entstehen medienspezifische Konzepte für eine Lokalzeitung (klassischer Journalismus), ein Boulevardmedium (Internet-Blog mit reißerischen Schlagzeilen), für den lokalen Fernsehsender sowie für die jeweiligen Social-Media-Auftritte. Im Lauf eines Nachmittags sollen sie produziert werden. Dabei soll das Konzept des lösungsorientierten Journalismus umgesetzt und in die praktische Redaktionsarbeit integriert werden.

Methode: Konzeption und Produktion (Gruppenarbeit).
Benötigtes Material: Notebook, Produktionsumgebung.
Geplante Zeitdauer: 1,5 Tage

Ablauf

Zeit	Inhalt	Lehrform	Material
0:00	Einführung: Medienhandeln Heranwachsender und ihr Verhältnis zum Mediensystem als Herausforderung. Vorschau auf den Ablauf der Lehreinheit	Input, Gespräch	Auszug aus der aktuellen JIM-Studie zur Mediennutzung Heranwachsender
0:15	Video „Schule"	Plenum	Videovorführung (Beamer, Lautsprecher)
0:20	Diskussion der Fragen: Was für Medien waren zu sehen? Wie haben die Jugendlichen sie aufgenommen? Was war das Ergebnis ihrer Rezeption?	Gespräch zum Vergleich der unterschiedlichen Medien mit Ergebnissicherung Erste Überlegungen: Wie sollten Medien für Heranwachsende berichten?	Metaplan, Tafel, Flipchart o. Ä.

Zeit	Inhalt	Lehrform	Material
0:50	Aufgabenstellung. Einführung des Rollenspiels, Ausgabe der „Spielkarten"	Plenum	• Spielkarten: Auf den A-4-Blättern werden drei unterschiedliche Medienredaktionen vorgestellt. Die Seminarteilnehmer*innen teilen sich in drei Gruppen auf • Medienberichte • (siehe Material)
1:00	Start Rollenspiel in Arbeitsgruppen	Arbeit in Gruppen: Erstellen der Kurzkonzepte	Spielkarten, Gruppenräume, Notebooks oder Flipcharts
2:00	Pause von 15 min		
2:15	Zusammenführen im Plenum, Leitfragen: Wie wurden die Bedürfnisse Heranwachsender berücksichtigt? Wurde lösungsorientierter Journalismus in den Bereichen Herangehensweise, Recherche, Ablaufschema umgesetzt?	Vorstellen der Ergebnisse der Gruppenarbeit	Präsentationsmöglichkeit
3:15	Pause		
4:00	Umsetzen der Konzepte	Arbeit in Gruppen	Produktionsumgebung für Text, Online, Video
5:30	Besprechen der Vorgehensweise, Stand der Dinge, Reflexion	Plenum	
6:00	Ende des ersten Tages		
0:00	Weiterarbeit an den Medienbeiträgen	Arbeit in Gruppen	Produktionsumgebung für Text, Online, Video
1:30	Kurze Pause		

Zeit	Inhalt	Lehrform	Material
1:45	Vorstellen der Medienbeiträge und Diskussion: • Journalistisches Handwerk? • Wo wurde lösungsorientierter Journalismus umgesetzt, wo nicht? • Welche Rolle haben die Social-Media-Aktivitäten gespielt? • Hätte es andere Text- bzw. Handlungsoptionen gegeben als diejenigen, auf die die Spielteilnehmer/innen gekommen sind?	Plenum	Präsentationsmöglichkeit und Videovorführung (Beamer, Lautsprecher)
2:30	Auswertung: Wo könnte der Journalismus ansetzen, um das Verständnis für Medien und ihre Rahmenbedingungen bei Heranwachsenden zu fördern?	Reflexion anhand Metaplan-Karten, Gespräch: Möglichkeiten und Grenzen des Konzepts „constructive journalism"?	Metaplan, Tafel, Flipchart o. Ä.
3:00	Ende der Lehreinheit		

2.5   Materialien zum Video

Video „Gerüchteküche um Messerkontrolle in der Schule"
Arbeitsblatt „constructive journalism", vgl. gleichnamigen Abschnitt Kap. 1
Medienberichte (siehe unten)

Medienbericht 1:
Lokalzeitung „Hommingberger Nachrichten"

Emil-Tischbein-Schule
Rektorat lässt Schüler kontrollieren
Schüler der Emil-Tischbein-Schule in Hommingberg müssen sich ab sofort auf Kontrollen einstellen. Wie das Rektorat den Eltern mitteilte (Schreiben liegt der Redaktion vor), werden ab sofort vor Schulbeginn Taschen und Rucksäcke männlicher Schüler stichpunktartig auf Messer hin durchsucht. Zur Umsetzung der Maßnahme wurde ein privater Sicherheitsdienst verpflichtet.

„Zunächst werden nur die männlichen Schüler zur Kontrolle gebeten", sagte
Rektor Bernd Schmidt unserer Zeitung. „Das ist notwendig, um auf Dauer die
Sicherheit der Kinder zu gewährleisten". Laut Schulordnung war es bereits seit
zwei Jahren verboten, Messer in die Schule mitzubringen. Bislang wurde jedoch
nicht überprüft, ob das Verbot auch eingehalten wird.

Aus dem Elternbeirat gibt es unterschiedliche Stimmen. „Damit werden alle
männlichen Schüler unter Generalverdacht gestellt", empört sich Anne Müller.
Ihre beiden Söhne gehen auf die Emil-Tischbein-Schule. Auch Ahmed Öztürk ist
nicht glücklich über den Vorstoß des Rektorats: „Da werden doch gleich wieder
die Jungs aus Migrantenfamilien verdächtigt", fürchtet er. Sven Maier hingegen
begrüßt die Maßnahme: „Der Schutz meiner Tochter in der Schule muss gewähr-
leistet sein", findet er.

Medienbericht 2:
Blog „Südpol-News – Neues aus dem Hommingberger Süden"

TERRORGEFAHR! SCHÜLER MÜSSEN MESSER ABGEBEN
Maria Maier besucht die siebte Klasse der Emil-Tischbein-Schule. „Endlich muss
ich auf dem Schulhof keine Angst mehr haben", sagt die Dreizehnjährige. Rektor
Bernd Schmidt hat veranlasst, dass alle männlichen Schüler vor Schulbeginn
kontrolliert werden.

Damit reagiert er vermutlich auf zahlreiche Medienberichte über Messer-
stechereien unter Jugendlichen, auch in diesem Blog. Zwar rückt die Landes-
regierung keine Zahlen heraus, aber es ist klar ersichtlich, dass die Zahl der
Messerangriffe stark angestiegen ist. Am Bahnhof unserer Nachbarstadt Schönau
zückte kürzlich sogar ein Nordafrikaner ein Messer und bedrohte eine ältere Frau
damit. Und das wegen zwei Euro!

Deshalb findet auch der Vater von Maria, Sven Maier, den Vorstoß gut: „Endlich kann ich meine Tochter wieder unbesorgt in der Schule abliefern." Aber was
alles auf dem Schulweg passieren kann, beunruhigt ihn weiterhin.

Medienbericht 3:
*Statement des Schulrektors der Emil-Tischbein-Schule für den Lokalsender „City
Channel":*

(Schulrektor Bernd Schmidt)
„Wir haben heute auf einer Sonderkonferenz aller Lehrer und Verantwortlichen
die Ereignisse der letzten Wochen in aller Ausführlichkeit diskutiert und uns über
mögliche Maßnahmen und Konsequenzen ausgetauscht.

Diese Gesprächsrunde ist dann zu folgendem Ergebnis gekommen: Mit sofortiger Wirkung werden wir als Emil-Tischbein-Schule im Eingangsbereich des Schulgebäudes Taschen-, wie auch Personenkontrollen durchführen, bei denjenigen Schülern, die unter besonderem Tatverdacht stehen, bzw. diejenigen, die in diesem Zusammenhang als Risikogruppe gelten.

Wir erhoffen uns durch diese Maßnahme, die Sicherheit der Schüler und unserer Kinder zu verstärken und für alle gewaltbereiten Schüler eine abschreckende Wirkung zu erzielen."

Spielkarte 1
Sie sind Blogger von den Südpol-News. Das Portal finanziert sich durch Anzeigen und braucht deshalb hohe Klickzahlen. Eine Redakteurin hat ein Seminar über „constructive news" besucht. Bei dieser Spielart des Journalismus geht es darum, lösungsorientiert zu berichten: Wie könnte es weitergehen? Gibt es Handlungsalternativen für die Schule? Das wollen Sie umsetzen. Wie sieht Ihr nächster Blogeintrag aus? Was schreiben Sie auf Facebook und Instagram?

Spielkarte 2
Sie sind die Redaktion der Lokalzeitung „Hommingberger Nachrichten". Eine Redakteurin hat ein Seminar über „constructive news" besucht. Bei dieser Spielart des Journalismus geht es darum, lösungsorientiert zu berichten: Wie könnte es weitergehen? Gibt es Handlungsalternativen für die Schule? Das wollen Sie umsetzen. Wie recherchieren Sie weitere Infos? Was schreiben Sie auf Facebook und Twitter? Wie sieht Ihr nächster Beitrag aus?

Spielkarte 3
Sie sind die Redaktion des lokalen TV-Senders „Hommingberg live". Ein Redakteur hat ein Seminar über „constructive news" besucht. Bei dieser Spielart des Journalismus geht es darum, lösungsorientiert zu berichten: Wie könnte es weitergehen? Gibt es Handlungsalternativen für die Schule? Das wollen Sie umsetzen. Wie recherchieren Sie weitere Infos? Was schreiben Sie auf Facebook und Twitter? Wie sieht Ihr nächster Beitrag (2:30) aus?

Die Spielteilnehmer/innen haben die Aufgabe, Texte zu produzieren bzw. das Exposé für einen TV-Beitrag zu schreiben.

Im Szenario 2 werden die Spielkarten um den Absatz erweitert:

Am Nachmittag haben Sie Gelegenheit zur Umsetzung des Konzepts unter Redaktionsbedingungen.

Video 2: Seenotrettung 3

3.1 Zusammenfassung: Zielsetzung beim Themenkomplex Framing

Dieses Modul der Journalistenausbildung vermittelt einen Einstieg in das Thema „Framing" und was für Folgerungen sich für Journalist*innen daraus ergeben. Ein Schwerpunkt liegt auf dem Thema Migration und (latenter) Rassismus. Auch hier steht der Ansatz des konstruktiven, lösungsorientierten Journalismus im Vordergrund.

Was sind Frames? „Frames rahmen Themen und Ereignisse auf unterschiedliche Art und Weise, so dass Sachverhalte unterschiedlich verstanden werden. Öffentliche Kommunikation stellt solche Deutungsmuster bereit. Sie können sich auf die Wahrnehmung der Bevölkerung oder politischer Akteure auswirken." (Völker 2017, S. 53).

Was ist die Aufgabe der Medien? „Die normativen Erwartungen an das Mediensystem spielen dabei eine große Rolle: Ist es Aufgabe der Medien, sämtliche Positionen abzubilden, vollständig und ohne Gewichtung und Wertung? Sollen sie die gesellschaftlichen Diskussionen entlang des Gewichts der Gruppierungen abbilden?" (Völker 2017, S. 87).

Ziele dieser Lehreinheit
- Kennen des Framing-Konzepts
- Reflexion zur Berichterstattung über Migranten
- Bewusstsein für Stereotype, Schemata und Frames schärfen
- Lösungsorientierte Ansätze der Berichterstattung erproben

© Der/die Herausgeber bzw. der/die Autor(en), exklusiv lizenziert durch Springer Fachmedien Wiesbaden GmbH, ein Teil von Springer Nature 2020
G. Hooffacker, *Journalistische Praxis: Konstruktiver Journalismus*, essentials, https://doi.org/10.1007/978-3-658-31771-3_3

Methode

- 2 Videos als Input
- Je nach verfügbarer Zeit Exposé oder eigenen Beitrag zum Thema verfassen
- Diskussion und Feedback zu den Ergebnissen

3.2   Inhaltsangabe

Der Film „Seenotrettung Teil 1": „Perspektiven auf einen Bericht über Flucht" ist eine typische Berichterstattung über die Situation an Bord eines Bootes mit Geflüchteten einer Hilfsorganisation. Ein Besatzungsmitglied erläutert die Situation und den Zustand der Geflüchteten an Bord (Marker 1). Der Beitrag geht auf den Gesundheitszustand der Geflüchteten ein, der Bord-Arzt erläutert dies näher (Marker 2).

Der zweite Film „Seenotrettung Teil 2" stellt die verantwortliche Redakteurin, Luisa Graf, vor. Sie erklärt die Rolle von Journalist*innen in einem sogenannten „Krisenthema" (Marker 1). Danach geht Luisa Graf auf die Frage „Was ist wichtig in den Nachrichten zu Flucht?" ein. Sie erklärt dabei die Relevanz von Emotionalität in den Nachrichten, um für Zuschauer einen Zugang zum Thema herzustellen (Marker 2).

Als nächstes wird Miran Ahmad, syrischer Journalist und Moderator, vorgestellt. Er stellt seine Meinung zu dem Nachrichtenbeitrag dar und geht dabei auf die Problematik ein, dass im Beitrag keiner der Geflüchteten zu Wort kommt (Marker 3). Miran Ahmad wird gefragt, was in der Berichterstattung besser werden muss. Er stellt heraus, dass es bei diesem Thema vorrangig um die Menschen geht und er zeigt auf, dass die Medien, diesen Aspekt unbedingt voranstellen sollten (Marker 4).

3.3   Einsatzszenario 1 (Dauer: ca. 180 min)

In diesem Szenario wird von einer kurzen Lehreinheit im Rahmen eines umfangreicheren Seminars ausgegangen. In Gruppenarbeit entstehen fernsehjournalistische Konzepte für die Berichterstattung zum Themenkomplex Flucht, Migration und Integration.

Dabei wird das Thema Framing und wie Journalist*innen damit umgehen können erarbeitet. Anhand der Beispiele werden erste Frames erkannt. Für den Beitrag soll das Konzept des lösungsorientierten Journalismus umgesetzt werden.

Methode: Konzept erstellen (Gruppenarbeit)
Benötigtes Material: Notebook, Beamer, Lautsprecher; eventuell aktueller Medienbericht für den Einstieg
Geplante Zeitdauer: 180 min

Ablauf

Zeit	Inhalt	Lehrform	Material
0:00	Einführung Framing: Berichterstattung über Geflüchtete und Migration. Bezug auf das Konzept des konstruktiven Journalismus. Vorschau auf den Ablauf der Lehreinheit	Gespräch, Input	Arbeitsblatt „Framing" und ggf. Bezug auf Vorwissen der Studierenden
0:15	Videos „Seenotrettung Teil 1" und „Seenotrettung Teil 2"	Plenum	Videovorführung (Beamer, Lautsprecher)
0:20	Diskussion der Fragen: Mit welchen Mitteln arbeitete der Fernsehbeitrag? Wer war in welchen Rollen zu sehen? Welche Frames lassen sich erkennen? Wie erklärt die Fernsehjournalistin die Herangehensweise? Was sagt ein Mensch mit Migrationshintergrund zu dieser Art der Darstellung?	Gespräch, Ziel: Frames erkennen und Lösungswege skizzieren – wie man Framing erkennt und transparent macht, wann Frames verwendet werden können, wie man komplexe Zusammenhänge darstellt	Tafel oder Flipchart. Ggf. Anforderungen an ein Exposé darstellen/ wiederholen
0:50	Aufgabenstellung: Entwickeln Sie einen TV-Beitrag, der die Ansprüche des konstruktiven Journalismus umsetzt. Wie könnte eine alternative Berichterstattung aussehen? Bitte verfassen Sie ein Exposé von maximal 1500 Zeichen	Plenum	Aufgabenstellung zeigen (Beamer)
1:00	Start in Arbeitsgruppen	Arbeit in Gruppen: Erstellen eigener Exposés	Gruppenräume, Notebooks oder Flipcharts

Zeit	Inhalt	Lehrform	Material
2:00	Kurze Pause		
2:15	Zusammenführen im Plenum	Vorstellen der Ergebnisse der Gruppenarbeit	Präsentationsmöglichkeit
2:45	Auswertung: Wo müsste man ansetzen, um in journalistischen Beiträgen konstruktiv mit dem Thema Framing umzu- gehen?	Reflexion, Gespräch	Ergebnisse auf Flipchart festhalten
3:15	Ende der Lehreinheit		

3.4 Einsatzszenario 2 (1,5 Tage)

In diesem Szenario wird von einer größeren Lehreinheit mit praktischer Übung im Rahmen eines umfangreicheren Seminars ausgegangen. Je nach Gruppengröße wird ein oder werden mehrere Videobeiträge umgesetzt. Das Konzept des konstruktiven Journalismus wird auf die Berichterstattung über Geflüchtete/ Migration angewendet.

Dabei wird das Thema Framing und wie Journalist*innen damit umgehen können erarbeitet.

Methode: Konzept und Videoproduktion (Gruppenarbeit).
Benötigtes Material: Notebook, Produktionsumgebung.
Geplante Zeitdauer: 1,5 Tage

Zeit	Inhalt	Lehrform	Material
0:00	Einführung Framing: Berichterstattung über Geflüchtete und Migration. Bezug auf das Konzept des konstruktiven Journalis- mus. Vorschau auf den Ablauf der Lehreinheit	Gespräch	Arbeitsblatt „Framing", Arbeitsblatt „constructive journalism"
0:15	Video „Seenotrettung 1"	Plenum	Videovorführung (Beamer, Lautsprecher)

Zeit	Inhalt	Lehrform	Material
0:20	Diskussion der Fragen: Mit welchen Mitteln arbeitete der Fernsehbeitrag? Wer war in welchen Rollen zu sehen? Welche Frames lassen sich erkennen?	Gespräch, Ziel: Frames erkennen und Lösungswege skizzieren – wie man Framing erkennt und transparent macht	Tafel oder Flipchart. Ggf. Anforderungen an ein Exposé darstellen/ wiederholen
0:45	Video „Seenotrettung 2"	Plenum	Videovorführung (Beamer, Lautsprecher)
0:50	Wie erklärt die Fernsehjournalistin die Herangehensweise? Was sagt ein Mensch mit Migrationshintergrund zu dieser Art der Darstellung?	Gespräch, Ziel: Einsicht, wann Frames im TV-Journalismus verwendet werden können, wie man komplexe Zusammenhänge darstellt, wie man Framing erkennt und transparent macht	
1:15	Entwickeln Sie einen TV-Beitrag, der die Ansprüche des konstruktiven Journalismus umsetzt. Wie könnte eine alternative Berichterstattung aussehen? Bitte verfassen Sie ein Exposé von maximal 1500 Zeichen	Plenum	Aufgabenstellung zeigen (Beamer)
1:30	Ggf. kurze Pause		
1:45	Start in Arbeitsgruppen	Arbeit in Gruppen: Erstellen eigener Exposés	Gruppenräume, Notebooks oder Flipcharts
2:30	Diskussion der Exposés	Plenum, anschließend Aufgabenstellung: Treatments verfassen	Ggf. Wiederholung der Anforderungen an ein tabellarisches Treatment
3:15	Pause		
4:00	Recherche; Arbeit an Treatments	Arbeit in Gruppen	
5:00	Vorstellen der Ergebnisse, Diskussion	Plenum	

Zeit	Inhalt	Lehrform	Material
5:45	Reflexion, Planen der Umsetzung	Gespräch	
Ab 6:00	Dreharbeiten	Hier stehen idealerweise Interviewpartner*innen zur Verfügung	
Ca. 8:00	Ende des ersten Tages		
0:00	Besprechen der Zwischenergebnisse, Planen des weiteren Vorgehens	Gespräch	Präsentationsmöglichkeit
0:45	Fertigstellen der Beiträge	Arbeit in Gruppen	Schnitträume
	Kurze Pause einbauen		
		Weiter Arbeit in Gruppen	
2:30	Vorstellen der Ergebnisse, Diskussion	Plenum	Präsentationsmöglichkeit
	Reflexion: Umgang mit Frames, lösungsorientierte Herangehensweise?	Gespräch	
3:00	Ende der Lehreinheit		

3.5   Materialien zum Video

Video „Seenotrettung 1"
Video „Seenotrettung 2"
Arbeitsblatt „Framing", vgl. gleichnamigen Abschnitt in Kap. 1
Produktionsmöglichkeiten Videoaufnahme, Schnitt
Ggf. Interviewpartner

Literatur

Völker, Daniel (2017). Kommunikation im Krisenmodus. Wiesbaden: Springer.

Video 3: Produktion für Fernsehen und YouTube

4

4.1 Zusammenfassung: Zielsetzung beim Themenkomplex „Medienwissen"

Unter welchen Bedingungen entstehen journalistische Beiträge in einem öffentlich-rechtlichen Medium? Wie geht im Vergleich dazu ein Youtuber vor, und unter welchen Rahmenbedingungen arbeitet er? In diesem Modul setzen sich angehende Journalist*innen zum einen mit dem Medienwissen und den Rezeptionsgewohnheiten Heranwachsender auseinander. Sie stellen die klassische journalistische Herangehensweise auf den Prüfstand und diskutieren, inwieweit Formen und Formate von Youtubern geeignete Methoden darstellen, Themen rund um Flucht, Migration und Krisenberichterstattung journalistisch zu vermitteln.

Reflektiert wird dabei die Frage, wie Heranwachsenden die Rahmenbedingungen medialer Produktion vermittelt werden können. Dabei geht es weniger um Medienkompetenz im medienpädagogischen Sinn als um Verständnis für die professionellen Regeln, an denen sich Journalistinnen und Journalisten orientieren, sowie um das Verständnis für die organisatorischen, ökonomischen und rechtlichen Rahmenbedingungen, unter denen Medienprodukte entstehen. Denn es ist nicht selbstverständlich, dass Heranwachsende wissen, wie und unter welchen Bedingungen Medienredaktionen arbeiten und nach welchen Regeln sie entscheiden. Oft verfügen nicht einmal Erwachsene über dieses Wissen – es muss immer wieder neu vermittelt werden.

Der Ansatz des konstruktiven Journalismus wird auf die Themen Medienwissen, Transparenz journalistischer Arbeit und Verständnis für mediale Produktionsbedingungen angewandt. In der Lehreinheit suchen die Studierenden

G. Hooffacker, *Journalistische Praxis: Konstruktiver Journalismus,* essentials, https://doi.org/10.1007/978-3-658-31771-3_4

nach Möglichkeiten, wie das Konzept des „constructive journalism" zur Vermittlung von Medienkompetenz in einen journalistischen Beitrag zum Themenkomplex Flucht, Migration und Integration bzw. allgemein zu Krisen umgesetzt werden kann.

Ziele dieser Lehreinheit
- Medienrezeption von Heranwachsenden kennen und verstehen
- Geeignete Darstellungsformen für Krisenthemen – speziell den Themenkomplex Flucht, Migration, Integration – diskutieren
- Gemeinsamkeiten und Unterschiede zwischen klassischem Fernsehjournalismus und Youtube-Produktionen kennen und verstehen
- Das Konzept des „constructive journalism" zur Erhöhung von Transparenz und Glaubwürdigkeit einsetzen können

Methode
- Videos als Input
- Konzeption eines eigenen Beitrags entweder für eine klassische TV-Redaktion oder für einen Youtube-Kanal (Gruppenarbeit)
- Ggf. eigenen Medienbericht zum Thema produzieren, diskutieren.

4.2   Inhaltsangabe

Ein Youtuber und ein Fernsehjournalist, etwa gleichen Alters, stellen ihre Arbeit vor, diskutieren die Kriterien, anhand derer sie Themen auswählen und bearbeiten, und tauschen sich über die Rahmenbedingungen ihrer Arbeit aus. Die Diskussion vermittelt in drei Videos Strukturwissen über die Medien (Nachrichtenwert, Recherche, Aufbereitung, strukturelle Rahmenbedingungen).

Der Film „Teil 0: Vorstellung von Marvin und Niklas" startet mit einem Ausschnitt aus Marvin Neumanns Youtube-Kanal „Minderesting Pictures" (Marker 1), bei dem er sich vorstellt und kurz seine Arbeit erklärt. Danach stellt sich Niklas Schenk, Journalist beim WDR und BR vor; der Film zeigt dazu Fotos von seiner Arbeit (Marker 2).

Der Film „Teil 1: Themenauswahl" beginnt mit dem Themenbereich „Themenauswahl – Aktualität". Niklas Schenk erläutert die Richtlinien und Abläufe innerhalb der Redaktion zur Themenauswahl im Team (Marker 1). Marvin Neumann erklärt, dass er in der Themenauswahl eine Balance zwischen seinem eigenen Interesse und dem seiner Community versucht herzustellen (Marker 2).

Im Schwerpunkt „Themenauswahl – Reichweite" geht Niklas Schenk darauf ein, wie sich der Anspruch, möglichst hohe Beitragsreichweite zu erreichen, auf die qualitative Beitragsherstellung auswirkt (Marker 3). Marvin Neumann erklärt im Anschluss, welche Mittel der Reichweitenerzeugung er als Youtuber nutzen kann (Marker 4).

Der dritte und letzte Schwerpunkt dieses Videos geht auf die Frage ein, ob und inwiefern sich Medien an anderen Medien orientieren. Marvin Neumann gibt dazu einen Erfahrungsbericht (Marker 5).

Der Film „Teil 2: Flucht als Thema" beginnt mit dem Themenbereich „Flucht in den Medien – Warum wird das Thema aufgegriffen?". Niklas Schenk erläutert die grundsätzliche Relevanz des Themas und wie es nach journalistischen Standards bearbeitet und formuliert wird (Marker 1).

Als nächstes geht es um „Flucht in den Medien – Was ist wichtig bei dem Thema?". Marvin Neumann greift den Aspekt der präzisen Wortwahl in dem Thema auf und erläutert, welche Kleinigkeiten bereits enorme negative Reaktionen auf Youtube hervorrufen können und zeigt die Bedeutung der Wortwahl auf (Marker 2). Schließlich geht er auf den Umgang mit solcher Kritik ein (Marker 3).

4.3 Einsatzszenario 1

In einer kürzeren Lehreinheit analysieren die angehenden Journalist*innen die Aussagen der beiden Protagonisten und skizzieren ein Konzept für die attraktive und angemessene Vermittlung eines Krisenthemas an Jugendliche. Ausgangspunkt: der Verlust von Glaubwürdigkeit der klassischen Medien. Zur Umsetzung wird das Konzept des konstruktiven Journalismus angewandt. Als Ergebnis entstehen Beitragskonzepte zu einem Krisenthema.

Methode: Konzept erstellen (Gruppenarbeit)
Benötigtes Material: Notebook, Beamer, Lautsprecher
Geplante Zeitdauer: 180 min

Zeit	Inhalt	Lehrform	Material
0:00	Einführung Medien-wissen Jugendlicher. Glaubwürdigkeit der Medien. Leitfrage: Wie kann das Konzept des konstruktiven Journalis-mus die Glaubwürdigkeit von Medienbeiträgen unterstützen? Vorschau auf den Ablauf der Lehreinheit		Arbeitsblatt „Medien-rezeption bei Heran-wachsenden" (Abschn. 5.4) und Arbeitsblatt constructive journalism (vgl. Kap. 1)
0:15	Videos „Teil 0: Vorstellung von Marvin und Niklas" und „Teil 1: Themenaus-wahl"	Plenum	Videovorführung (Beamer, Lautsprecher)
0:20	Diskussion der Fragen: Wie unterscheiden sich die Arbeitsweisen und Bedingungen der beiden Protagonisten? Welche Rolle spielen hier Personalisierung, Subjektivität, Authentizi-tät? Wer wird bei einem jugendlichen Publikum glaubwürdiger ankommen (vgl. Arbeitsblatt Medien-rezeption)?	Gespräch	Tafel oder Flipchart
0:50	Aufgabenstellung: Wie könnte 1. als Youtuber, 2. als Fernsehjournalist bei einem öffentlich-rechtlichen Medium eine eigene Berichterstattung zu einem Krisenthema aussehen? Dabei soll die jeweilige Herangehens-weise transparent werden (Konzept des konstruktiven Journalismus berück-sichtigen)	Plenum	Aufgabenstellung zeigen (Beamer). Ggf. Anforderungen an Exposés wiederholen

Zeit	Inhalt	Lehrform	Material
1:00	Start in Arbeitsgruppen	Arbeit in zwei Gruppen: Erstellen von Exposés jeweils als YouTuber/als Fernsehjournalist	Gruppenräume, Notebooks oder Flipcharts
2:00	Kurze Pause		
2:15	Zusammenführen im Plenum, Leitfragen: Welche Herangehensweise (Themenauswahl, Wahl der Darstellungsform) wurde gewählt?	Vorstellen der Ergebnisse der Gruppenarbeit	Präsentationsmöglichkeit
2:45	Auswertung: War das Konzept des „constructive journalism" hilfreich? Wurde in den erarbeiteten Beiträgen die Vorgehensweise für das Publikum transparent?	Reflexion, Gespräch	Kärtchentechnik, Moderationswand
3:00	Ende der Lehreinheit		

4.4 Einsatzszenario 2

In dieser umfangreicheren Lehreinheit setzen sich die Seminarteilnehmer*innen mit der Glaubwürdigkeit der klassischen Medien insbesondere bei Heranwachsenden auseinander. Die klassischen Massenmedien genießen aktuell (2020) bei den Heranwachsenden überraschend hohes Vertrauen. Kritisiert werden ein Mangel an Verständlichkeit und vermitteltem Hintergrundwissen.

Die Teilnehmer*innen analysieren die Aussagen der beiden Protagonisten und erarbeiten Konzepte für eine gelungene Vermittlung des Themenkomplexes Flucht, Migration, Integration an Jugendliche. Ausgangspunkt: Glaubwürdigkeit der klassischen Medien, eventuell der Verlust von Glaubwürdigkeit, wenn die Heranwachsenden älter werden. Zur Umsetzung wird das Konzept des konstruktiven Journalismus angewandt.

Die angehenden Journalist*innen erarbeiten Lösungsstrategien, um mit Transparenz Medienwissen und Verständnis für die Rahmenbedingungen medialer Produktionen zu erzielen.

Bei der Umsetzung wird das Konzept des konstruktiven Journalismus angewandt. Für die Produktion werden Interviewpartner benötigt; falls das nicht möglich ist, bereiten ein oder zwei Gruppenmitglieder sich auf ein Interview vor (Recherche, Rollenspiel). Als Ergebnis entstehen fertige Beiträge.

Methode: Konzept und Produktion (Gruppenarbeit).
Benötigtes Material: Notebook, Produktionsumgebung.
Geplante Zeitdauer: 1,5 Tage

Zeit	Inhalt	Lehrform	Material
0:00	Einführung Medienwissen Jugendlicher. Glaubwürdigkeit der Medien. Leitfrage: Wie kann das Konzept des konstruktiven Journalismus die Glaubwürdigkeit von Medienbeiträgen unterstützen? Vorschau auf den Ablauf der Lehreinheit	Gespräch. Vorab Texte zum Einlesen zur Verfügung stellen (Methode „flipped classroom") Alternative: Arbeitsblätter ausgeben	Aktuelle JIM-Studie: https://www.mpfs.de/ studien/?tab=tab-18-1, ev. zusätzlich aktuelle Ergebnisse der Langzeitstudie Medienvertrauen (Univ. Mainz): https:// medienvertrauen.uni-mainz.de/ • Wenn keine Zeit zur vorbereitenden Lektüre, dann Arbeitsblatt „Medienrezeption bei Heranwachsenden" (Abschn. 5.4) und Arbeitsblatt Konstruktiver Journalismus (vgl. Kap. 1)
0:15	Videos „Teil 0: Vorstellung von Marvin und Niklas" und „Teil 1: Themenauswahl"	Plenum	Videovorführung (Beamer, Lautsprecher)
0:20	Diskussion der Fragen: Wie unterscheiden sich die Arbeitsweisen und Bedingungen der beiden Protagonisten? Welche Rolle spielen hier Personalisierung, Subjektivität, Authentizität? Wer wird bei einem jugendlichen Publikum glaubwürdiger ankommen (vgl. Arbeitsblatt „Medienrezeption")?	Gespräch	Tafel oder Flipchart

Zeit	Inhalt	Lehrform	Material
0:45	Video „Teil 2: Flucht als Thema"		
0:50	Aufgabenstellung: Wie könnte 1. als Youtuber, 2. als Fernsehjournalist bei einem öffentlich-rechtlichen Medium eine eigene Berichterstattung zum Themenkomplex Flucht, Migration, Integration aussehen? Dabei soll die jeweilige Herangehensweise transparent werden (Konzept des konstruktiven Journalismus berücksichtigen). Bitte verfassen Sie ein Exposé von maximal 1500 Zeichen	Plenum	Aufgabenstellung zeigen (Beamer). Ggf. Anforderungen an ein Exposé wiederholen
1:00	Start in Arbeitsgruppen	Arbeit in zwei Gruppen: Erstellen von Exposés jeweils als YouTuber/als Fernsehjournalist	Gruppenräume, Notebooks oder Flip-charts
2:00	Kurze Pause		
2:15	Zusammenführen im Plenum	Vorstellen der Ergebnisse der Gruppenarbeit	Präsentationsmöglichkeit
2:30	Diskussion der Exposés	Wurde Konzept des „constructive journalism" umgesetzt?	Ggf. Überarbeitung der Exposés
3:15	Pause	Plenum	
4:00	Aufgabenstellung: Treatments		Ggf. Anforderungen an ein tabellarisches Treatment wiederholen
4:15	Recherche; Arbeit an Treatments, Vorbereiten von Interviewfragen	Arbeit in Gruppen	
5:00	Vorstellen der Ergebnisse, Diskussion	Plenum	Ggf. Überarbeiten von Treatments und Interviewfragen

Zeit	Inhalt	Lehrform	Material
5:45	Reflexion, Planen der Umsetzung	Gespräch	
Ab 6:00	Dreharbeiten	Hier stehen idealerweise Interviewpartner*innen zur Verfügung. Ansonsten Rollenspiel	
Ca. 7:30	Ende des ersten Tages		
0:00	Besprechen der Zwischenergebnisse, Planen des weiteren Vorgehens	Gespräch	Präsentationsmöglichkeit
0:45	Fertigstellen der Beiträge	Arbeit in Gruppen	Schnitträume
	Kurze Pause einbauen		
		Weiter Arbeit in Gruppen	
2:30	Vorstellen der Ergebnisse, Diskussion	Plenum	Präsentationsmöglichkeit
2:45	Reflexion: Welche Herangehensweise (Themenauswahl, Wahl der Darstellungsform) wurde gewählt? War das Konzept des „constructive journalism" dabei hilfreich? Wurde die Vorgehensweise für das Publikum transparent?	Gespräch, Feedback durch die Studierenden	Kärtchentechnik, Moderationswand (Metaplan)
3:30	Ende der Lehreinheit		

4.5   Materialien zum Video

Arbeitsblatt „Medienrezeption bei Heranwachsenden" (vgl. Abschn. 5.4).
Arbeitsblatt „constructive journalism" (vgl. Kap. 1).
Video „Teil 0: Vorstellung der Protagonisten"
Video „Teil 1: Themenauswahl"
Video „Teil 2: Flucht als Thema"
Ggf. Interviewpartner

Heranwachsende und der Themenkomplex Flucht in den Medien

5

Dieses Kapitel fasst Ergebnisse der Module 1 und 2 des Projekts MeKrif zusammen. Es ist ein Beitrag des MeKriF-Projektteam des JFF – Institut für Medienpädagogik (Niels Brüggen, Laura Cousseran, Christa Gebel, Eric Müller und Maximilian Schober).

Im Folgenden wird unter anderem auf Basis der Ergebnisse der Befragungsstudie mit Heranwachsenden zwischen zehn und 16 Jahren im Projekt „MeKriF – Flucht als Krise" (Brüggen et al. 2020, im Druck) ein Blick auf die Aneignung des Themenkomplex Flucht, Migration und Integration von Kindern und Jugendlichen geworfen. Zudem werden Impulse gegeben, inwiefern Journalist*innen Heranwachsende im Umgang mit dem Thema Flucht unterstützen können.

5.1 Themenkomplex Flucht, Migration und Integration

Das Thema Flucht ist eng mit Diskursen um Migration und Integration verwoben. Dieser Themenkomplex Flucht, Migration und Integration fordert sowohl auf gesellschaftlicher als auch auf individueller Ebene gewohnte Routinen und grundlegende Fragestellungen heraus. Neben der existenziellen Notlage von geflüchteten Menschen und Prozessen im Zusammenhang nationaler und internationaler Migrationsregime (Aufnahme, Verteilung Abschiebung) werden zum einen auf gesellschaftlicher Ebene Fragen des Zusammenhalts, Formen kollektiver Aushandlungsprozesse angesichts sich stellender Herausforderungen sowie die Ordnung und Fraglosigkeit globaler Privilegien angesprochen. Zum anderen werden auf individueller Ebene Fragestellungen in Bezug auf Identität,

Werthaltungen und Zugehörigkeiten im Zusammenhang mit Flucht, Migration und Integration aufgeworfen.

Auch Kinder und Jugendliche nehmen diese Fragestellungen wahr und verbinden sie mit dem Thema Flucht. Die verschiedenen Tiefendimensionen dieses Themenkomplexes fasst Ingrid Schoberth (2017) als drei Herausforderungen zusammen, die sich 1) auf die Legitimation der eigenen, nun nicht länger selbstverständlichen Lebensform, 2) die politischen und ökonomischen Konsequenzen und 3) die Konfrontation mit der „schlichte[n] Not und [dem] unmittelbare[n] Lebensrecht von Menschen" beziehen.

Berührungen mit dem Themenkomplex Flucht, Migration und Integration werden von Heranwachsenden überwiegend in medialen Zusammenhängen verortet. Die relevanten Medien sind in erster Linie Internet und Fernsehen. Dies gilt sowohl für die ungezielte Begegnung mit dem Thema als auch für die gezielte themenbezogene Informationssuche. Dabei spielt nicht nur Berichterstattung sondern auch User-Generated-Content eine Rolle.

Die mediale Behandlung wie auch die Phänomene der Fluchtmigration selbst stellen auch Kinder und Jugendlichen vor oben skizzierte grundlegende gesellschaftliche und individuelle Fragestellungen, welche zudem nicht immer trennscharf voneinander abgrenzbar sind und gegenseitige Bezugspunkte aufweisen.

5.2   Krise und Krisenwahrnehmung

Nehmen Kinder und Jugendliche den Themenkomplex Flucht, Migration und Integration als Krise wahr? Der Themenkomplex Flucht ist für Heranwachsende nicht nur Anlass über die verschiedenen Facetten und Fragestellungen zu sprechen. Manche Kinder und Jugendliche deuten unterschiedliche Aspekte von Flucht, Migration und Integration mitunter auch als krisenhaft. Es kann also nicht von der einen Krise gesprochen werden, die Kinder und Jugendliche im Zusammenhang mit Flucht beschäftigt.

Doch, was ist eine Krise überhaupt? Auf individueller Ebene ist eine Krise ein Zustand großer Verunsicherung, der sich darin begründet, dass sich die Person-Umwelt-Passung in einem Ungleichgewicht befindet und sich mit bekannten Handlungsroutinen nicht wiederherstellen lässt (Filipp und Aymanns 2018). Die Betroffenen nehmen daher einen Entscheidungsdruck wahr, der sich auch dadurch verschärft, dass es keine Gewissheit über die Konsequenzen ihrer Handlungen gibt (Oevermann 2008). Eine Krise hat immer auch produktive Momente und stellt einen Veränderungs- und manchmal auch einen Lernprozess dar. Beim Versuch, das Gleichgewicht bezüglich der Person-Umwelt-Passung wiederherzustellen, können Kinder und Jugendliche neue Erfahrungen machen und so neue Strategien im Umgang mit neuen Herausforderungen lernen (Hurrelmann und Quenzel 2013).

Ganz ähnlich können Krisen auch auf institutioneller und/oder gesellschaftlicher Ebene beschrieben werden. Aus dieser Perspektive ist eine Krise dadurch gekennzeichnet, dass sie unerwartet auftritt und hinsichtlich der Funktionsweise des Systems, das von der Krise betroffen ist, existenzbedrohend sein kann. Das Handeln der Akteur*innen ist durch Unsicherheit geprägt, da die bekannten Routinen nicht zur Lösung einer Krise beitragen bzw. eine Krise noch verschärfen. Gleichzeitig bedingt eine Krise auch einen großen Handlungsdruck, um dessen destruktive Folgen abzuwenden und die Kontrolle zurück zu gewinnen (Schreyögg und Ostermann 2013). Ein zentrales Merkmal einer Krise ist auch hier, dass sie mit einer Veränderung von Routinen und Handlungsweisen einhergeht und damit eine Entwicklung beschreibt (Venette 2003).

Welche Aspekte des Themenkomplex Flucht, Migration und Integration deuten Kinder und Jugendliche nun als krisenhaft? Ob und inwieweit Kinder und Jugendliche hier eine Krise wahrnehmen, hängt von ihren Vorerfahrungen, ihrem Medienumgang und ihrem sozialen Umfeld ab.

- Einige Heranwachsende nehmen die Lage in den Herkunftsländern und auf der Flucht als lebensgefährlich wahr. Davon sind sie emotional berührt und in ihren moralischen und ethischen Vorstellungen irritiert. Den Handlungsdruck sehen sie vor allem bei der deutschen und europäischen Politik, die aus ihrer Sicht die humanitäre Lage der Menschen verbessern soll.
- Manche Heranwachsende sehen die öffentliche Sicherheit und Ordnung durch Geflüchtete bedroht. Diese potenzielle Bedrohung nehmen sie in alltäglichen Situationen und in den Medien wahr. Den Handlungsdruck richten sie an Geflüchtete, die sich ihrer Ansicht nach besser anpassen sollen. An Staat und Politik richten sie die Erwartung, dieser Bedrohung zu begegnen.
- Einige Heranwachsende nehmen eine gesellschaftliche Spaltung wahr. Sie sehen in der Öffentlichkeit und auch in ihrem Umfeld unterschiedliche Haltungen zur Fluchtmigration, zu denen sie sich auch selbst positionieren. Den Handlungsdruck richten die Heranwachsenden unter anderem auch an Medien, die durch die Darstellungsweise ebenfalls dazu beitragen sollen, die öffentliche Meinung zu beeinflussen.

Nicht alle Heranwachsenden nehmen in Bezug auf den Themenkomplex Flucht, Migration und Integration die gleichen oder überhaupt Krisen wahr.

5.3 Umgang von Heranwachsenden mit dem Themenkomplex Flucht, Migration und Integration

Der Umgang mit krisen- und problemhaften Themenaspekten von Flucht, Migration und Integration kann mitunter herausfordernd für sie sein. Inwiefern Kinder und Jugendliche durch das Thema Flucht herausgefordert sind, steht zum einen im Zusammenhang damit, wie problematisch oder krisenhaft sie dieses wahrnehmen und zum anderen, inwiefern sie sich dazu in Bezug setzen können oder es miterleben (müssen). Verorten sie das Problem oder eine Krise ausschließlich auf gesellschaftlicher Ebene, können sie sich darauf beschränken, lediglich Vorschläge zum Umgang mit der Krise auf gesellschaftlicher Ebene zu machen. Eine intensive Auseinandersetzung auf individueller Ebene findet eher statt, wenn Kinder und Jugendliche vom Thema (persönlich) tangiert sind bzw. sich dazu in Beziehung setzen können.

Wie sich der Umgang von Kindern und Jugendlichen mit dem Themenkomplex Flucht, Migration und Integration gestaltet, ist also ganz unterschiedlich, da es davon abhängt, inwiefern Situationen für Heranwachsende krisenhafte Ereignisse darstellen und welche Ressourcen sie zur Verfügung haben. Nicht jede Form des Umgangs stellt aus pädagogischer Sicht einen souveränen Umgang dar. Für einen souveränen Umgang von Heranwachsenden mit dem Themenkomplex Flucht, Migration und Integration ist es zentral, dass Kinder und Jugendliche die Bedeutung der Aufbereitung von gesellschaftlichen Entwicklungen in Medien verstehen und die gesellschaftliche Funktion von Diskursen zu politischen Themen in Medien kennen. Die ethische Reflexion des eigenen Handelns und der eigenen Rolle in der Gesellschaft sind dabei wichtig.

5.4 Unterstützung von Heranwachsenden im Umgang mit dem Thema Flucht durch Journalist*innen

Kinder und Jugendliche können im souveränen Umgang und bei der Entwicklung eines zielführenden Bewältigungsverhaltens in Bezug auf den Themenkomplex Flucht, Migration und Integration unterstützt werden. Zum einen können pädagogische Arbeit und Förderung von Medienkompetenz Ressourcen für einen souveränen Umgang mit dem Themenkomplex erschließen und darstellen. Aber auch Journalist*innen können Heranwachsende beim Umgang mit dem Themenkomplex Flucht, Migration und Integration unterstützen.

Wie können Journalist*innen Kinder und Jugendlich beim souveränen Umgang mit dem Themenkomplex Flucht, Migration und Integration unterstützen?

Journalist*innen können Kinder und Jugendliche unterstützen, indem sie erkennen, dass die Auseinandersetzung mit dem Themenkomplex Flucht eine Form der Auseinandersetzung mit Werten und Leitlinien in unserer Gesellschaft darstellt, und mitunter auch mit persönlichen Fragestellungen in Bezug auf Identität, Werthaltungen und Zugehörigkeiten einhergeht. Dabei sind ethische Herausforderungen des Themas zu berücksichtigen. Zudem ist die Reflexion der eigenen Berufsrolle für den souveränen Umgang mit gesellschaftlichen Krisen notwendig. Insbesondere sind die Veränderungen bezüglich der Integrationsfunktion von Medien zu reflektieren, zumal sich durch das Online-Mediensystem Dynamiken der journalistischen Berichterstattung verändert haben.

Außerdem ist ein Verständnis der Verantwortung von Journalist*innen für das Publikumssegment Kinder und Jugendliche ein wichtiger Aspekt. Kinder und Jugendliche nehmen gesellschaftliche Entwicklungen und Krisen nicht nur in zielgruppenspezifischen Angeboten wahr, sondern auch in Angeboten, die primär Erwachsene ansprechen wollen.

Journalist*innen haben daher die Verantwortung auch Kinder und Jugendliche als Publikum mitzudenken. Dabei können folgende Punkte eine Orientierung für die Berichterstattung über gesellschaftliche Entwicklungen und Krisen bieten, vgl. neben (Brüggen et al. 2020, im Druck) auch Schlote 2011:

- Eine einfache und klare Struktur und Sprache – jedoch ohne dass die fachliche Genauigkeit verloren geht, – unterstützt Kinder und Jugendliche beim Verstehen von Nachrichten.
- Zudem können Bilder und einfache Grafiken Inhalte veranschaulichen. Die Bilder sollten gewaltfrei sein oder könnten mit einem Hinweis auf verstörendes Bildmaterial versehen werden.
- Eine ausführliche Kontextualisierung und eine längerfristige Berichterstattung unterstützen Kinder und Jugendliche nicht nur beim Verstehen, sondern machen Berichte für sie glaubwürdiger. Persönliche Einblicke in das Leben von Geflüchteten oder Hintergründe zu Fluchtursachen werden von Kindern und Jugendlichen geschätzt.
- Emotionalisierung und Spekulationen können herausfordernd für Kinder und Jugendliche sein. Das heißt aber nicht, dass Emotionen aus der Berichterstattung besser ausgeklammert werden sollten, denn sie können zur Auseinandersetzung mit dem Thema Flucht, Migration und Integration sowie zur Empathie mit den Betroffenen führen. Verzichtet werden sollte jedoch auf

ängstigende Bilder oder Videos. Sie können zu starken Emotionen führen, die wiederum die kognitive Verarbeitung hemmen können.

- Kinder und Jugendliche wünschen sich, dass mehrere Perspektiven auf ein Thema dargestellt werden. Multiperspektivität abzubilden und verschiedene Meinungen hervorzuheben, ist in einer Demokratie wichtig. Dabei brauchen Kinder und Jugendliche Unterstützung, um zu verstehen, dass mit widerstreitenden Aussagen bestimmte Interessen verbunden sein können.
- Journalist*innen können unterstützen, dass sich Kinder und Jugendliche nach der Medienrezeption weiter mit dem Thema auseinandersetzen und sich eine eigene Meinung zu bilden. Hierfür können sie auf verlässliche Kommunikationsangebote hinweisen, die eine zeitnahe themenbezogene Anschlusskommunikation etwa über das Internet anbieten. Dies fördert zugleich die Interaktivität und kann dazu genutzt werden, Rückfragen von Kindern und Jugendlichen ins Programm zu integrieren.
- Journalist*innen können Kindern und Jugendlichen mit konstruktiven Journalismus Konzepte an die Hand geben, mit deren Hilfe sie die Welt um sich herum besser verstehen, und Handlungsperspektiven erfahren können.

Eine Vernetzung der Angebote von klassischen Medien der Berichterstattung und Online-Angeboten sowie mit Personen oder Institutionen aus dem Alltag der Heranwachsenden kann Stärken bündeln und die Qualität der Angebote erhöhen.

Literatur

Brüggen, Niels et al. (im Druck). Flucht als Krise? München: kopaed.
Filipp, Sigrun-Heide/Aymanns, Peter (2018). Kritische Lebensereignisse und Lebenskrisen. Vom Umgang mit den Schattenseiten des Lebens. Stuttgart: Verlag W. Kohlhammer.
Hurrelmann, Klaus/Quenzel, Gudrun (2013). Lebensphase Jugend. Eine Einführung in die sozialwissenschaftliche Jugendforschung. Weinheim, München: Beltz Juventa.
Oevermann, Ulrich (2008). „Krise und Routine" als analytisches Paradigma in den Sozialwissenschaften. Abschiedsvorlesung, Institut für hermeneutische Sozial- und Kulturforschung e. V. https://repo.agoh.de/Oevermann%20-%202008%20%E2%80%9EKrise%20und%20Routine%E2%80%9C%20als%20analytisches%20Paradigma%20in%20den%20Sozialwissenschaften.pdf [Zugriff: 24.03.2020].
Schlote, Elke (2011). Qualitätskriterien in der Krisenberichterstattung. In: Televizion, 24 (2), S. 62–63.
Schoberth, Ingrid (2017). Migration und ethische Bildung im Religionsunterricht. In: THEO-WEB. Zeitschrift für Religionspädagogik, 16 (2), S. 111–120.

Schreyögg, Georg/Ostermann, Simone M. (2013). Krisenwahrnehmung und Krisen-
    bewältigung. In: Thießen, Ansgar (Hrsg.). Handbuch Krisenmanagement. Wiesbaden:
    Springer VS, S. 117–137.
Venette, Steven James (2003). Risk Communication in a High Reliability Organisation.
    APHIS PPQ'S Inclusion of Risk in Decision Making. Dissertation, North Dakota State
    Universityof Agriculture and Applied Science.

Was Sie aus diesem *essential* mitnehmen können

- Sowohl für den Themenkomplex Flucht, Migration und Integration als auch für Krisenphänomene allgemein liefert der lösungsorientierte Journalismus hilfreiche Ansätze für die mediale Vermittlung, insbesondere, aber nicht nur, wenn es um Heranwachsende als Zielgruppe geht.
- Konstruktiver, lösungsorientierter Journalismus bietet für Journalist*innen ein alternatives Rollenmuster. Dabei treten Journalist*innen nicht selbst als Problemlöser auf, sondern recherchieren mögliche Lösungsszenarien und stellen sie dar.
- Glaubwürdigkeit der Medien lässt sich durch Transparentmachen der eigenen Herangehensweisen und Rahmenbedingungen erreichen.
- Drei Einsatzszenarien mit online zugänglichen Videoclips für den „constructive journalism" in der praktischen Journalistenausbildung sowohl für kürzere (ca. 180 Min.) als auch längere Lehreinheiten (1–2 Tage) liegen hier vor.

© Der/die Herausgeber bzw. der/die Autor(en), exklusiv lizenziert durch Springer Fachmedien Wiesbaden GmbH, ein Teil von Springer Nature 2020
G. Hooffacker, *Journalistische Praxis: Konstruktiver Journalismus,* essentials,
https://doi.org/10.1007/978-3-658-31771-3

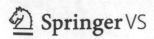
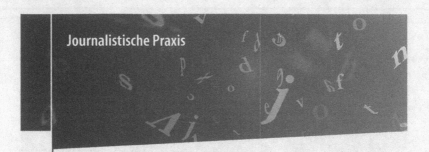
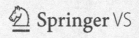

Printed in the United States
By Bookmasters